PEQUEÑA NACION

ALEJANDRO MORALES

Serie *Imaginación* No. 8

Universo de Palabras
Estados Unidos *Mexico

P.O. Box 1273
Turlock, California, 95381. USA
Tel.(209) 250-0127. FAX (415) 462-5414
EDITOR@ORBISPRESS.COM
WWW.ORBISPRESS.COM

PEQUEÑA NACION

Alejandro Morales
Serie *Imaginación* No. 8

Primera Edición, 2005.
Primera Reimpresión, 2008.

International Standard Book Number/
Número Internacional Normalizado para Libros:
ISBN: 1-931139-21-0

© ® 2005-2008 Copyright by Alejandro Morales
© ® 2005-2008 Copyright by Editorial Orbis Press

WWW.ORBISPRESS.COM

Las opiniones expresadas y el estilo literario son responsabilidad exclusiva del autor. *Editorial Orbis Press* aboga por la libre expresión y la creatividad respetando la ideología y usos lingüísticos personales y regionales. *Editorial Orbis Press* no necesariamente comparte la interpretación, real o ficticia, que de los hechos haga el autor. *Editorial Orbis Press* no asume responsabilidades legales del contenido de esta obra.
Derechos reservados. Se prohibe la reproducción total o parcial, excepto para citas en reseñas, análisis literarios, de esta obra bajo ninguna forma o ningún medio electrónico, mecánico, de fotocopiado, grabación, impreso o cualquier otro, sin permiso escrito del autor y de *Editorial Orbis Press*.

The opinions and literary style expressed herein are the exclusive responsibility of the author. *Editorial Orbis Press* advocates for freedom of expression and creativity while respecting ideology and the excercise of personal and regional linguistics. *Editorial Orbis Press* does not necessarily share the interpretations of the author, whether real or fictional. Therefore, *Editorial Orbis Press* does not assume legal responsibility therefrom.
All rights are reserved. No part of this publication may be reproduced, stored in retrieval systems, or transmitted in any form or by any means, electronic, mechanical, photocopying, recording or otherwise, without prior written permission by the author and *Editorial Orbis Press*

Portada y contraportada: conceptos, fotocomposición, diseño
y preparación de impresión a cargo del Departamento
Artístico de *Editorial Orbis Press* con las asistencias de Gabriel
Higuera y Kenset Wannam. Imágenes de archivo.

*Escribe, pues, las cosas que has visto,
y las que son,
y las que han de suceder después de éstas.*
Apocalipsis 1:19

Agradecimiento

Agradezco a quienes aportaron ayuda y comentarios durante la escritura de estos relatos. Primero a la Virgen de Guadalupe, y a todas las mujeres mágicas de México, quienes siempre me animan a escribir. A Ute Margaret Saine, quien me sugirió las canciones en francés, pero quien no las cantó. A Fabio Che, quien ayudó con la investigación de las pandillas en Los Angeles. A Juan Carlos Sánchez Jiménez, el primero que escribió sobre estas historias. Gracias a Alfonso Rodríguez, editor, quien publicó Los Jardines de Versalles *en* Confluencia *Vol 13, Num. 1,(1997): 257-265. Gracias a Luis Leal, quien publicó una sección de* La Penca *en* La ventana abierta *Vol II, No.5,(1998):54-58.*

Dedicatoria

*Este libro está dedicado a
Josefina Gutiérrez y Carlos Morales*

*Queridos hermanos mayores
que sepan que los quiero siempre y
que me ayuden desde el otro lado*

INDICE

Título   **Página**

Los Jardines de Versalles..................................1

La Penca..................................15

Pequeña nación..................................55

Alejandro Morales

Los Jardines de Versalles

*...después me dijo un arriero que no hay que llegar primero
pero hay que saber llegar.*
El rey

Para Carlos

Pequeña nación

Nadie sabía de dónde vino. Ya para principios de la década de los veinte, cuando esta área era de ranchos y campos de agricultura trabajados por japoneses y mexicanos, Plácido Beaugival, quien decía que era francés, se había establecido cerca de Simons. Beaugival, todos por aquí lo llamaban Beaugival, vivía con su esposa quien rara vez salía de casa. Las veces que le preguntaban por ella, Beaugival decía que a su esposa no le gustaba salir porque no hablaba español o inglés. Explicaba que:

—Mi mujer no quiere salir. Elle ne parle que francais. Yo soy la única persona, en estos rumbos, quien habla francés.

Solamente dos veces la vi fuera de casa. La primera cuando la visitó su hermano de México, un joven chaparro, descuidado, de cabeza cuadrada quien se parecía a Napoleón y a quien le gustaba divertirse en las cantinas alrededor de Simons, en particular los días de pago cuando venían mujeres y había mucha jugada. La segunda vez fue cuando ella salió vestida elegante, recta como reina, orgullosa como pavo real, pecho a pecho con su esposo, para luchar contra los electricistas y las enormes orugas de acero que se comían la tierra. Es curioso, pero nunca supe su nombre de pila, sólo se le conocía como "la Beaugival." La escuché más de lo que la vi. Muchas veces, al pasar por la casa, oía a la Beaugival tocar el piano y cantar preciosamente canciones francesas. A menudo la acompañaba su esposo:

Tu pars, et je vais languir
Dans les regrets et les désirs.
Je languirai jusqu'au soir.

Era común ver a Beaugival regresar del trabajo cargado de dos o tres plantas en macetas para los jardines que tenía detrás de su casa. A esos jardines los llamaba los *Jardines de Versalles*. Eran privados y secretos, pero toda la gente de Simons hablaba de lo bonito y espacioso que eran los Jardines de Versalles de Beaugival. El pueblo solía describirlos como si los hubiera visto o como si hubiera paseado por sus senderos, pero la verdad era que nadie más que los Beaugival los conocían.

Por tres lados Beaugival cercó su terreno con nopales y magueyes que con el tiempo se llenaron de espinas, arañas y serpientes. Me acuerdo que los nopales daban tantas tunas que

Alejandro Morales

Beaugival nos pedía que fuéramos a piscar las que deseábamos. Ante y contra aquellos nopales y magueyes, mirando de adentro, erigió con el ladrillo más rojo de Simons unos muros altos y gruesos tupidos de clavos y vidrios filosos. Todo esto para que respetaran su privacidad y para sonreír con confianza a los amigos y vecinos que pasaban por delante de la casa, pero a quienes jamás les permitía entrar.

Para demostrar cuánto quería a su esposa, Beaugival construyó con sus propias manos la casa en que vivían. Con muchas disculpas dirigidas a nosotros, en vez de ladrillo utilizó bloques de adobe, porque guardaban lo fresco en el verano y mantenían el calor durante el invierno. Beaugival tenía razón, era un hombre práctico en todas sus acciones. La casa estaba en una lomita, de la cual decía Beaugival que podía ver a su querida desde donde trabajaba. El color marrón de la casa contrastaba con el verde de los nopales y el verde azul de los magueyes, con el rojo de los muros altos de ladrillo y con todas las flores enmacetadas que tenía enfrente. En la noche, los muros bailaban con las luces que brillaban en los vidrios de las ventanas de la casa que daban al jardín delante del camino. Cuando había luna llena, plateada o roja, tu papá y yo con la familia acostumbrábamos a pasearnos por allí para ver la casa grande de los Beaugival y escuchar a la Beaugival tocar el piano y cantar sus canciones francesas que tanto nos gustaban:

> *Au bois de Saint-Cloud,*
> *Il y a de petites fleurs,*
> *Il y a de petites fleurs,*
> *Au bois de mon coeur,*
> *Au bois de mon coeur.*

Eran solamente dos personas quienes habitaban esa mansión. No había duda que se cuidaba entre ellos un amor muy cariñoso. El siempre hablaba de ella, de su sonrisa, de su pelo largo. Beaugival nunca dejaba de comprarle un bocadito, un regalito a su esposa. El matrimonio de los Beaugival era como los magueyes que crecían fuertes y que duraban más de cien años. A nosotros, como a los magueyes, de repente nos brotaban unos magueyitos y los criábamos pidiéndole a Dios que vivieran por cien años. Pero

Pequeña nación

los Beaugival nunca dieron, nunca se hicieron brotar. Y yo que tanto quería ver unos Beaugivalitos correteando por allí. Esas voces tiernas nunca poblaron los Jardines de Versalles.

Aunque no tenían hijos, cada año, sin falta, Beaugival agregaba otro cuarto a la casa que crecía como el amor por su mujer. Cada año, venían a contratar a los muchachos de Simons para batir el lodo y formar bloques de adobe. Un verano, tu hermano mayor les ayudó a hacer el adobe y fue el único a quien Beaugival permitió entrar a su mundo privado. Tu hermano cargaba los adobes y los colocaba donde Beaugival le indicaba. En dos semanas los dos formaron las paredes, hicieron las ventanas y las puertas. Después Beaugival le enseñó a tu hermano cómo hacer el techo y poner la teja.

De vez en cuando yo le llevaba el almuerzo a tu hermano. Lo llamaba del cerco y esperaba que la Beaugival me invitara a pasar a su casa, pero nunca me ofreció entrar. La Beaugival tomaba la canasta, me decía "Merci beaucoup, madame," entraba réquete contenta a la casa y me dejaba allí parada con la boca abierta. Y yo que quería saber más de ella, hacerme su amiga, jamás me dio la oportunidad.

Así como la casa crecía en número de habitaciones, crecía en atracción. Cada noche no dejaban de venir los vecinos para hablar con tu hermano, para pedirle que describiera lo que vio en los cuartos preciosos de la casa y en los Jardines de Versalles. Tantos venían que tu hermano tuvo que dividir en grupos a los vecinos y amigos que se juntaban para escucharlo y establecer horas de cita. De esta manera, tu hermano aprendió cómo construir casas, poner techos y contar experiencias. Recuerdo que tu papá se molestaba al ver a los vecinos llegar todos al mismo tiempo y forzar los límites de la salita que teníamos. —¿Cuántos chismes puede tener el joven?— Y abandonaba a tu hermano a las muchas orejotas que se paraban para escucharlo. Beaugival y tu papá le dieron a tu hermano el conocimiento y la ayuda financiera para establecer su compañía de construcción. Desde el día que empezó a trabajar con Beaugival, tu hermano sería quien construiría los nuevos cuartos para ellos.

—Pues, hijo tráeme un vaso de agua porque se me seca la garganta y se me entumecen los labios de tanto hablar.

Alejandro Morales

Beaugival era escribano. Tenía una máquina de escribir y varias cajas de madera; nunca las conté, eran de diferentes medidas y colores. Allí guardaba sus plumas, tintas, lápices, gomas borradores y reglas. Estas cajas cabían en una sola caja blanca grande que llevaba con él a sus trabajos.

Se ganaba la vida preparando, traduciendo y escribiendo todo tipo de documentos. La gente iba con él para que le escribiera una carta a la familia en México, una carta para una novia o novio. También preparaba documentos legales para el ayuntamiento de Montebello y para la policía de Los Angeles. Con la pluma y una antigua máquina de escribir, Beaugival se ganaba la subsistencia. Cada viernes y sábado cargaba sus útiles y se colocaba en la tienda de Simons para recibir clientes. Durante la semana, Beaugival era contador. Calculaba y mandaba los impuestos, hacía contratos de alta cantidad de dinero. Se decía que sabía de todo tipo de trámites legales y que era abogado, pero él nunca se identificaba como tal. Todos en Simons le teníamos confianza y, aunque poseía sus aspectos curiosos, lo respetábamos y lo queríamos. Cuando alguien tenía un problema, venían primero con tu papá y después, si era necesario, iban con Beaugival.

Alrededor de 1940, un viernes, Beaugival no llegó a su lugar acostumbrado en la tienda de Simons. Se pensó que estaba enfermo, porque el sábado pasado tampoco había venido. Por la tarde del día siguiente lo vimos sonriendo y manejando un carro Ford nuevo. Se paseó enfrente de nuestra casa y nos avisó que ahora trabajaba para el ayuntamiento de Montebello y que si queríamos sus servicios podríamos ir al ayuntamiento.

—Allí los espero—lo oímos decir.

Bueno, sucedió que algunos de Simons fueron, otros no. Muchos de los que fueron a buscar a Beaugival salían maltratados o insultados por la secretaria. Era una mujer de mal gesto y mal gusto, que se llamaba Mrs. Guajollot, que según decían tenía el cuerpo como un pavo. Los muchachos le pusieron su sobrenombre curiosito. La apodaron "la Mrs. Guajolote." Pero cuando salía Beaugival a recibir a sus vecinos de Simons, los invitaba a la oficina y mandaba a Mrs. Guajolote por café y refrescos. Y con mal gesto cumplía la Mrs. Guajolote con los servicios que pedía la gente. Volvía con una charola de cafés y refrescos y con una cara que gritaba sus sentimientos hacia los mexicanos, colocaba la cha-

Pequeña nación

rola en una mesa y salía murmurando sus quejas e infamias. Esa mujer se hizo famosa. Todos en Simons sabían de la Mrs. Guajolote.

—Cuídense de la Mrs.Guajolote—Beaugival riéndose, les sugería a los que se atrevieran a ir al ayuntamiento.

Beaugival había trabajado en el ayuntamiento por varios años cuando le pidieron como parte de sus deberes administrativos establecer una biblioteca en Simons. Cuando Beaugival oyó de este nuevo encargo, se vino inmediatamente a Simons para anunciar las buenas noticias

—Les voy a hacer una biblioteca con muchos libros, una biblioteca de la cual tendrán orgullo decir que les pertenece.

Esa tarde, después de hablar con tu hermano y ofrecerle el trabajo de construir el edificio de la biblioteca, regresó a su casa muy entusiasmado y contentísimo por el proyecto de la biblioteca y le pidió a la Beaugival que cantara para celebrar las buenas fortunas:

Quand il me prend dans ses bras,
Il me parle tout bas
De voir la vie en rose...

A través de los años Beaugival había agregado más cuartos y mejorado su casa hasta hacerla la más bonita en Montebello. Los gringos le llamaban "The Beaugival Estates" o "The Beaugival Ranch," o "The Beaugival Hacienda." A menudo venían grupos de visitantes a contemplar la "hacienda." La Beaugival recibía pequeños grupos de "special guests" mandados por el alcalde para que se dieran cuenta del "Spanish French Heritage" de Montebello. Y la culminación del tour era pasar a beber vinos franceses en los Jardines de Versalles y escuchar cantar allí a la Beaugival. "After all isn't Montebello carved on the Arc de Triomphe in Paris," decía el alcalde cada vez que invitaba a un grupo a la casa de Beaugival. "And our thanks go out to Mr. and Mrs. or Don and Doña, Monsieur and Madame Beaugival, generous people, a wonderful example of our city's Spanish French heritage." Pero a nosotros, a los mexicanos de Simons, ni un vistazo nos daba. Nosotros no existíamos, no éramos parte del "Spanish Heritage" de Montebello.

Pues así fue cómo los Beaugival se hicieron famosos. Gente de todas partes compraba boletos en el ayuntamiento para visitar los Jardines de Versalles y el palacio de los Beaugival. Ser un buen ejemplo, un "good example" de "Spanish French heritage" vino a ser el trabajo final de los Beaugival. Diariamente recibían gente en su casa. La Beaugival tocaba el piano y cantaba melodías francesas mientras servían almuerzo o cena en los Jardines de Versalles y copas en la sala del palacio de Beaugival:

> *Le chant plait a mon ame.*
> *La danse est pour moi*
> *Presque aussi douce qu'un baiser.*

Quienes habían gozado de las ricas atenciones en el palacio hablaban maravillas de la cultura y el talento de los anfitriones. Pero nadie de nosotros, la gente de Simons quienes habían ayudado a producir con nuestras manos el adobe para levantar la casa, había dado un paso dentro. Unicamente tu hermano mayor podía compartir las emociones de la gente que había apreciado tales bellezas.

Los Beaugival continuaron viviendo en paz hasta un día en que, mientras la Beaugival tocaba el piano y cantaba, llegaron dos hombres que caminaron alrededor de la propiedad. "Nice place," le dijo uno y le dio a la Beaugival una tarjeta que decía Southern California Edison Company.

—A ver, hijo, por qué no me sirves un poquito de vino antes de seguir con esta historia. Un poquito de vino me inspira para ser exacta en los detalles de la vida de los Beaugival. Gracias, hijo.

Una semana después, Beaugival recibió una carta del ayuntamiento de Montebello explicando que la ciudad estaba interesada en su terreno. Beaugival inmediatamente pensó que querían los "Beaugival Estates" para establecer un sitio histórico para el estado de California. Se puso contentísimo. Le dijo a la Beaugival que con un contrato del estado tendrían muchos beneficios para cuando se jubilaran, y lo más importante era que garantizaba la preservación de su casa y los jardines. Beaugival, como de costumbre cuando recibía buenas noticias, circuló por Simons comunicándoles a sus amigos que por fin el estado de California iba a reco-

Pequeña nación

nocer la importancia de la herencia mexicana y francesa en la historia de la zona. El monumento iba a ser su casa que nosotros ayudamos a construir.

Esa noche, algunos de los vecinos pasaron por la casa para escuchar a la Beaugival cantar:

La petite Marguerite est tombée
Singuliére du bréviaire de l'abbé...

Verdaderamente sus cantos eran maravillosos. Nosotros sentíamos alegría por Beaugival y su esposa, porque era como si se les hubiera cumplido un sueño favorito.

Eso fue en un fin de semana. Había recibido la carta el viernes y se pasó el sábado y domingo celebrando su buena fortuna. Para mí, las buenas noticias nunca vienen el fin de semana, pero aparentemente para Beaugival era lo contrario.

Ya muy entrada la mañana del lunes, Beaugival trabajaba en su oficina cuando entró el alcalde y le preguntó, "Did you receive the letter?"

Beaugival estaba tan concentrado llenando unos documentos para obtener más libros para la biblioteca de Simons que no entendió la interrogativa. Beaugival se quedó mirando al alcalde, pero su mente aun estaba con los magníficos libros que iba a comprar.

"The letter the City sent you?" Repitió el alcalde con un tono de frustración.

"The City is interested in my land for a historical monument." Beaugival sonrió y volvió a su tarea.

"Historical monument? Oh, sure, maybe for the Edison Company. The City wants to rent your land to the Edison Company to put an electrical substation that will benefit all the good people of Montebello."

—¿Cómo? ¿Qué quiere decir con eso? ¿Y la casa? ¿Y los jardines?—Beaugival preguntó desesperado. Ante los ojos, imaginaba enormes tractores amarillos tumbando la casa de adobe y machucando los Jardines de Versalles. Su esposa moriría antes de perder la casa y los jardines.

"I don't know what they will do with the house, but the gardens will be bulldozed. Probably the house too. Your property is very valuable. It has direct access to the railroad, the trains, and it borders the river. Don't worry, you'll get a good price for it." El alcalde pronunció esta declaración como si fuera su última palabra.

Beaugival se quedó pensativo. ¿Cómo resolver estos problemas? Tenía que haber una resolución. La ciudad de Montebello no puede quitarnos nuestra casa, nuestros jardines, nuestro terreno que hemos mejorado. Hemos permitido que la ciudad lo usara como excelente ejemplo de la herencia española francesa en Montebello. Esa herencia que tanto han alabado debe de tener algún valor para salvar los Jardines de Versalles.

Al día siguiente, después de consultar con la Beaugival y planificar la estrategia de acción para salvar su terreno, a pleno riesgo de perder su trabajo, fue con cada uno de los elegidos al consejo de la ciudad. El resultado fue que todos le dijeron lo mismo, que no sabían, no habían visto nada de tal proyecto, pero que la ciudad tenía el derecho de declarar el "Eminent Domain," el dominio público para quitarle el terreno y que él, Beaugival, no tenía ningún recurso legal para protegerse de la pérdida de la casa y de los jardines.

Dos días después de haber hablado con los políticos recibió otra carta. Escrita en términos técnicos y legales declaraba que a la casa y al terreno de Beaugival se les aplicaría el procedimiento de Eminent Domain, y que debía estar fuera de su casa en una semana, porque en cuanto saliera de ella, empezarían con la construcción de una subestación eléctrica. Los Beaugival leyeron la carta e inmediatamente anunciaron que no saldrían, que los tendrían que sacar muertos antes de abandonar lo que amaban tanto como la vida misma.

Esa tarde tu abuela Concha y yo fuímos al río por una yerba que ella cosechaba y pasamos por allí. La Beaugival cantaba, pero su canto era triste y le noté un tono de despedida:

Méfiez-vous des Blancs, habitants du rivage,
Les Blancs promirent, et cependant
Ils faisaient des retranchements.

Pequeña nación

Los Beaugival fueron una vez más con el alcalde a pedirle, a rogarle por la casa. Pero el alcalde acompañado de su esposa les dijo, "Why do you insist so much? Why do you fight for an old Mexican house that really has no historical value? It's a house made with mud balls that any Greaser could have built."

El alcalde volteó a ver a su esposa, quien se dirigió a la Beaugival y le suplicó. "Please take the money the City is offering. It's enough to buy a new house near us where you belong. Take the money, and be happy." El alcalde y su esposa les indicaron a los Beaugival la puerta con una sonrisa sumamente paternalista.

—Ay, hijo, perdona que hable tanto. ¿Quieres que me calle? Pues, tráeme otro vaso de agüita. Gracias hijo, ahora pon estas velas, se está oscureciendo.

Con el filo de un machete primitivo empezaron a tumbar los Jardines de Versalles. Fue interesante cómo entraron los trabajadores de la compañía Edison. Con un tractor inmenso levantaron unos magueyes y tumbaron una parte de la pared. Hicieron un agujero en los muros de los Jardines pero no tomaron la casa. Los Beaugival se metieron en ella y no salían. Sólo miraban por las ventanas, observaban cómo, sección por sección, los tractores derrumbaban y masticaban las murallas naturales de nopal, maguey y luego la pared de ladrillo y los cercos de madera cubiertos de viñas de uvas, rosales y bugambilias. Las huertas, las flores, todo caía ante sus ojos, y pie por pie, paso por paso, se acercaban los tractores a la casa.

Los tractores tardaron apenas tres días para acabar con todo lo que había llevado años de trabajo y de amor para construir y cultivar. Pero no tomaron la casa y los Beaugival no salían de ella. Llegaron otros tractores y unos carpinteros. Escarbaron unas trincheras profundas y pusieron cables y tubos de cobre, empezaban a instalar las entrañas de los transformadores y generadores eléctricos, pero no tomaban la casa.

Pasaron dos semanas y los Beaugival de vez en cuando se asomaban por las ventanas, pero no salían. La gente de Simons les llamaba, les pedía que salieran a comer o a tomar agua, pero los Beaugival en vez de responder a nuestras súplicas se ponían a tocar el piano y cantar.

Vino el alcalde, su esposa, el jefe de la compañía Edison, y hasta me pidieron a mí que tratara de convencerlos que salieran de su casa. Pero los Beaugival se mantenían en silencio. Todas estas personas poderosas no podían imaginarse cómo aguantaban sin comida, sin agua. Al fin, la policía y los bomberos de Montebello vinieron. Ellos hablaron con los jefes de la compañía Edison quienes decidieron no proceder con la aprehensión de los Beaugival.

—Que se queden allí hasta que se les caiga la casa encima. Nosotros no somos responsables—dijo uno de los directores.

Así fue, los ingenieros construyeron edificios de bloque de cemento, instalaron motores, transformadores, todo para transferir la corriente eléctrica.

Llegó la noche en que anunciaron que para el día siguiente, muy temprano por la mañana, iban a derrumbar la casa. Los Beaugival tenían que estar fuera de ella para las siete de la mañana. Esto se anunció por la ciudad de Montebello y Simons.

Nosotros, los vecinos de Simons, fuimos a las siete de la noche en la víspera de la destrucción a rogarles a los Beaugival.

—¡Plácido, por favor, sal de esa casa! ¡Plácido, salva a tu esposa!—y así les rogamos que escogieran la vida, que dejaran por la paz su protesta.

—¡Non, nous n'abandonnons jamais notre maison! ¡Merci, nous allons bien, nous n'avons pas peur! ¡Allez-vous-en! ¡Partez!—Gritó la Beaugival. Nadie sabía francés, pero entendimos.

Nos colocamos a la orilla del río a esperar, a una distancia de la casa, y la contemplamos ante esas enormes vejigas de acero que generaban electricidad y que llenaron el espacio en donde antes estaban los jardines.

Como a eso de las nueve, mucha gente se fue. Para las doce solamente vigilaban unas tres personas y dos de éstas se fueron a la una. Aunque de repente me vi sola, guardé mi lugar enfrente de la casa en donde los Beaugival esperaban su destino.

Velaba en una noche en que estaba claro el firmamento, ostentando un mar divino de estrellas brillantes. Era una noche de magia y de extraña alegría. De repente, oí como unos chicotazos que bailaban encima de uno de los transformadores. Después unas chispas de fuego y más chicotazos eléctricos aparecieron. Di unos pasos hacia la casa. Me acercaba a los transformadores

Pequeña nación

cuando, unos segundos después, sonó una explosión de miles de voltajes. Chicotazos y rayos eléctricos alcanzaban al cielo, una luz rarísima iluminó el espacio en donde estuvieron los Jardines de Versalles y, de pronto, la casa fue bañada en relámpagos rojos, anaranjados y amarillos. La casa se quemaba, los edificios de la compañía Edison se consumían, las vejigas de acero se derretían, todo ardía en una nube eléctrica cargada de fuego y poder natural.

Al amanecer, con el estruendo y el humo, la gente de Simons volvió. Los políticos, los jefes de Edison y la población general de Montebello vieron que las construcciones de la Edison y "The Beaugival Estates" habían desaparecido.

Nunca se supo si los Beaugival se escaparon de la explosión. Quizá huyeron antes del incendio. No sé. Yo estuve presente durante por toda la catástrofe y lo único que vi fueron cortinas de astillas de luces subiendo al cielo.

Es curioso que después del incendio la compañía Edison se separó por completo del proyecto declarando que no valía la pena reconstruir los edificios. La tierra de los Beaugival, la casa y los Jardines de Versalles fueron completamente olvidados hasta que, unos años después de la catástrofe, un señor y su familia compraron el terreno y construyeron allí, entre miles de nopales y magueyes enredados de bugambilias, una casa de adobe casi igual como la original. Durante dos años, vivieron en la casa tranquilos, cuando de repente, sin explicación, la abandonaron. Así pasaba con la casa. Alguien la compraba y luego la abandonaba sin explicación alguna. Se empezó a decir que el terreno y la casa estaban poseídos.

Hasta ahora, continúa siendo un espacio natural con cierta energía especial, un lugar misterioso donde ocurren incidentes raros. Nadie se atreve a cruzar la tierra en donde estuvieron los Jardines de Versalles. Dicen que en la noche, sobre los nopales y magueyes y la casa abandonada, se ven bailar y se oyen cantar en francés dos iluminaciones que invitan a entrar en los Jardines de Versalles.

—La energía nunca termina, hijo, siempre se transfigura. Ahora, niño curioso, acompáñame con otra copita de vino.

Brugen 1994

Alejandro Morales

Nota:

En diciembre de 1995, mi amigo Steve Simonian, jefe de policía de la ciudad de Montebello, llamó a la universidad para invitarme a ver unos sótanos que se descubrieron bajo una vieja casa de adobe en Bluff Road. La casa había tenido muchos dueños que la abandonaban después de vivir en ella unos cuantos meses, porque decían que la casa estaba encantada por fantasmas.

A las once de la mañana, Steve me esperaba con varios policías y oficiales federales. Entramos y descendimos a una serie de catacumbas antiguas. En uno de los cuartos había miles de latas de comida y diversos jarros y botellas de agua. "What I really want you to see is in this last room." Steve me llevó a la última celda de las catacumbas en donde vi lo inimaginable. Allí, sobre una alfombra de colores mexicanos, yacían dos esqueletos abrazados estrechamente...

Pequeña nación

II
La Penca

The labours of men of genius, however erroneously directed, scarcely ever fail in ultimately turning to the solid advantage of mankind.

Mary Wollstonecraft Shelley

Pequeña nación

En el jardín surtido de rosas, amapolas, claveles, gladiolas, azucenas, hortensias, azaleas, alcatraces, campanillas, bugambilias, magnolias y dalias me senté como solía hacerlo cada semana con mi madre. Allí, la tenía delante de mí, bajo la sombra fresca del antiguo aguacate, cuyas ramas macizas raspaban un lado del cuartito contiguo al garaje de adobe que mi padre construyó un año después de haber terminado la casa que había financiado con dinero de la jugada, unos cincuenta años antes. Mi madre y yo nos quedamos sentados por media hora, inmersos en la frescura y el silencio que, por años, junto con sus frutos, nos obsequiaba el árbol inmenso.

Del patio vecino, por entre dos hortensias de flores color de rosa y azul, apareció El Mocho, un perro viejo que había nacido con una de las patas delanteras más corta que la otra. Mi madre y yo lo contemplamos renquear hacia su bote de agua, colocado cerca de nosotros bajo la sombra del aguacate. El Mocho bebió y vino a tirarse a los pies de mi madre. Se lamió las tres patas, cerró los ojos y se durmió tranquilo. El Mocho también tenía su lugar allí, al lado de nosotros.

—¡Qué curiosa anomalía! —le dije a mi madre.
—¿Qué curiosa qué? Ese perro es una rareza —dijo ella y le dio una patadita cariñosa.

El Mocho abrió un ojo, se acomodó y moviendo el cuerpo de un lado a otro se volvió a dormir. Ahora se le veía la pierna mocha; un tronquito grueso y encallecido.

Madre, ¿hubo curiosidades en Simons?

Sí, hijo, hubo varias rarezas o, como dices tú, "anomalías" que vivieron en Simons. ¿Qué no te acuerdas de ninguno? Yo los conocí a todos. El Viejito, El Jorobado y El Terremoto eran hombres fenómenos, hombres no naturales. La Bigotes y La Penca, en cambio, eran una muchacha y un muchacho cuyas irregularidades eran naturales.

—¡La Penca!— Me reí —¡La Penca, qué gracioso apodo! ¿Qué tenía La Penca, madre?—

Yo imaginaba a un hombre gordo con un cuerpo deformado en forma de una penca de nopal.

—La "¡Penca!", repetí el nombre para reírme de nuevo.
—No te rías hijo, si no era tan chistosa la condición de La Penca. De niño fue feliz, mas de adolescente sufrió mucho, sobrevivió insultos, bromas y golpizas, y de adulto su sensibilidad por las muchachas bellas jamás fue correspondida— dijo mi madre con algo de tristeza en su voz.

Alejandro Morales

—Dime más de La Penca, madre. ¿Quién era? ¿Dónde vivía?—
—Mira El Mocho que cómodo está. Qué dichoso chucho.— El perro se estiró sabrosamente y continuó su sueño. Mi madre, como parodiando a su animal favorito, enderezó las piernas y se acomodó en la silla. Desde donde estábamos sentados se veían los rascacielos del centro de Los Angeles. El sol descendía detrás de ellos, más allá de las playas de Santa Mónica. Era octubre, cuatro días antes de mi cumpleaños, y hacía un calorazo fuerte. La temperatura había subido a casi cien grados. El árbol nos cubría con una misericordiosa y deliciosa frescura.
—Madre, ¿La Penca?—
—Sí, La Penca. Bueno, hijo, La Penca vivía por la Maple, muy cerca de aquí. Vivía con su mamá y su papá hasta que se fue a estudiar a la universidad. Su madre era una muchacha muy jovencita, se llamaba Gloria, pero después de que los jóvenes abusaron de ella, incluido tu hermano, le apodaron la Glorieta. Tenía unos quince o dieciséis cuando tuvo a David, su único niño. Gloria lo tuvo sola, sin la ayuda de nadie. Era tan esbelta que nadie, más que yo, se dio cuenta de que estaba encinta. Fue una sorpresa para mí cuando salió un día y fue de compras a la tienda de los Núñez, cargando una mochila de carne y hueso.
Al padre de David le decían El Caray, nunca supe su nombre de pila, ni su apellido. Sólo sabía, por presenciarlo, no por testigos, que era un hombre del silencio. Casi nunca pronunciaba palabra. Parece que hacía un esfuerzo para no hablar. Era veinticinco años mayor que Gloria. Cuando ella dio a luz al fenómeno se decía que El Caray tenía unos cuarenta y tres años.
El Caray era delgado, güero, con un cabello tan grueso y tan oscuro, que me sorprendía lo negro y brilloso que era. Se lo peinaba hacia atrás, así como las estrellas del cine americano. No era alto, pero sí era un hombre bien parecido.
Tenía un carro muy bonito que siempre relucía de limpio. Siempre llegaba con bolsas de comida y cositas para Gloria. Todos los días, menos el viernes, se iba a Los Angeles. Se decía que trabajaba en Hollywood como subastador, el que cantaba los precios. También había rumores de que ganaba mucho dinero y que era de una familia rica. Circulaban muchos rumores de ese tipo en Simons.— Mi madre se rió y continuó —hasta decían que tu papá era rico, ¡imagínate!

Pequeña nación

Gloria y El Caray, recién casados o arrimados, rentaron una de las casas de don Presciliano, la que tenía en la Maple. Vivieron allí por unos dos, tres años, pero se mantuvieron alejados de la gente de Simons.

Yo conocí a Gloria en la tienda de los Núñez. Me preguntó cómo se hacía un caldo de res. Yo me ofrecí a ayudarle, a enseñarle cómo hacerlo del principio hasta el final y me invitó a su casa.

No sé por qué me invitó a mí y no a otras mujeres. Quizá porque desde la primera mirada nos caímos bien, nos tuvimos confianza. Las mujeres somos así. Algo descubrimos con la primera pupilada.

Al entrar a su casa quedé verdaderamente sorprendida. Su casa estaba muy bien cuidada y ordenada. De afuera era común y corriente, como las otras casas en la calle Maple, pero adentro tenía unas alfombras chinas tejidas de primerísima calidad, cada cuarto estaba decorado como si uno de esos decoradores profesionales se hubiera encargado del proyecto. Y en cada cuarto había montones de colchas maravillosas.

—El Caray decoró cada uno de los cuartos— dijo la Gloria.

En el jardín del fondo, habían agregado un cuarto amplio con ventanas grandes. Allí encontré aún más colchas, docenas de colchas de seda preciosas, lino, algodones finos, distintos materiales de diferentes texturas y de colores brillantes y opacos. El material lo tenía guardado en bolsas de papel marrón, como los paquetes que diariamente acostumbraba traer El Caray.

Levanté una de las colchas y me di cuenta del exquisito detalle, puntadas y pique. Aunque yo no tenía ni siquiera una colcha en casa, reconocí éstas como objetos de arte. Estas colchas eran producto de un artista singular. Con la colcha abierta en el piso le dirigí una mirada interrogativa a Gloria. Ella sonrió y respondió alegremente,

—Sí, señora, yo las hago. ¿Le gustan?—

—Cómo no, niña ¡Todas son singulares!— le contesté.

Mi madre se detuvo y se mantuvo en silencio por unos instantes. Yo esperaba que continuara con su narración.

—Tráeme una soda, muchacho. Cada vez que me siento contigo a platicar me da mucha sed.—

Volví con un vaso de soda. Ella bebió un poquito, muy exquisitamente, como un ave delicada.

—Pues, hijo, te das cuenta de que en eso, en acolchar, en hacer colchas bonitas, trabajaba Gloria. Me dijo que había tejido quizá miles de colchas y que El Caray en su trabajo las vendía a un costo muy alto. Pero, y aquí está el detalle, ella jamás había visto ni un centavo del dinero que él ganaba.—
Al escuchar aquello, me enojé. El Caray era un explotador, abusaba de esta niña forzándola a vivir así, trabajando todos los días, produciendo colchas para que él se hiciera rico.
Nos hicimos amigas y me tocó ver a la niña trabajar y crecer. Con el tiempo, El Caray empezó a faltar a la casa unos dos, y a veces, tres días. Le dijo a Gloria que había conseguido un trabajo con la mejor subastadora del mundo y que tenía un pequeño apartamento cerca de la oficina matriz en Santa Mónica. La compañía se llamaba Sotheby´s.
El Caray le prometió que en el plazo de un año podría rentar un apartamento más grande para los dos y que entonces ella podría irse con él. Después, El Caray solía venir sólo dos o tres días por semana. Y, al volver a Santa Mónica, se llevaba docenas de colchas. Llegó el día en que vino en un troquecito pick-up nuevo y lo llenó de colchas. La pobre Gloria acolchaba y acolchaba. Yo le decía que dejara de trabajar tanto, que le iba a causar reumatismo y dañarle los ojos. Ella no me escuchaba y seguía acolchando, a veces hasta muy noche.
Lo hacía porque soñaba en vivir con El Caray en Santa Mónica, en un apartamento bonito, cerca de la playa. Allí sería feliz con el hombre a quien amaba con toda alma y corazón. La suerte de Gloria era que tenía un alma pura y un cuerpo tentador.

El Mocho se levantó de repente, se sacudió y buscó de nuevo la tierra húmeda debajo de las flores azul-moradas de las hortensias. Mi madre aprovechó esta interrupción en la serenidad del jardín para darle una chupadita a su soda, y luego siguió hablando.
—A ver, ¿dónde estaba? Ah sí, pues las visitas de El Caray cada vez se hacían menos. Venía a quedarse una noche y en la madrugada se iba con el troquecito repleto de colchas preciosas.
Sucedió que un día en la tienda de los Núñez me fijé que Gloria caminaba con un paso más pesado. Noté también que las caderas delgadas se le habían ensanchado. No le pregunté nada,

ni le dije lo que había observado. Ella compró sus comestibles, se despidió y se dirigió contenta a su casa. Me quedé contemplándola hasta que llegó a su casa y concluí que Gloria estaba embarazada. Pasaron los meses y no se le notaba nada. Ahora acostumbraba llevar vestidos y blusas sueltas. Pasaron unos seis meses y fui a visitarla, a ver cómo iba con sus faenas y cómo estaba de salud. Quería cerciorarme de que la niña comía bien, que no sufría dolores, ni miedo de lo que le pasaba. La encontré trabajando y componiendo una de las colchas más bellas que había visto jamás. Gloria se veía muy saludable, felizmente ocupada en su arte. Ese día le llevé unas empanadas de manzana, de chabacano y de membrillo que les había cocinado a ustedes. Después de platicar un poco con Gloria, me despedí de ella. Al darnos el abrazo acostumbrado, le noté lo que cargaba. De nuevo, no la interrogué acerca de nada. Me sorprendía la aparente confianza y el gusto que tenía Gloria. Ya de regreso en casa, no pude más que pensar que muy pronto llegaría el escuincle.

Y, como te dije antes, poco después me la encontré en la tienda de los Núñez con su bolita de vida. El muchacho era bonito.

—¡Qué orgulloso ha de estar su padre!— le dije a Gloria.

—No sé, ahora casi nunca viene El Caray. Manda unos empleados por las colchas.

—¡Ni pierdas un pestañazo de sueño por El Caray! Deberías pensar en lanzar tu negocio propio. ¡Tienes un gran talento, muchacha!

Con eso le di un abrazo. Yo estaba contenta por ella.

—Y eres una maravilla. Tuviste al muchacho solita. Sin la ayuda de nadie. ¿Qué no has ido con un médico?

—No, no necesito doctor. Estoy perfectamente bien, señora. Muchas gracias.

Gloria compró sus provisiones y volvió a su casa.

Pues con el tiempo, naturalmente, creció David. Llegó a ser un muchachito muy bonito y muy listo. Gloria hacía todo lo posible por prepararlo para la escuela. En eso sí le ayudó El Caray, quien no dejaba de traerle a David libros, papel y plumas para que aprendiera a manejar y guardar el conocimiento. Además, Gloria le había enseñado a ser un caballero correcto y de mucho respeto para sus vecinos. Cada vez que me veía David, me saludaba.

También, Gloria le empezó a enseñar a David el arte de acolchar. Cuando cumplió cuatro años David sabía hacer colchitas muy curiositas. El Caray también se llevaba las colchas hechas por David.

Ya para estos años El Caray prácticamente había abandonado a su familia. Nunca reconoció públicamente a David como su hijo, ni a Gloria como su esposa. Gloria tampoco le correspondió con ninguna formalidad legal, y jamás lo llamó padre de David. No obstante, El Caray les mandaba dinero y recogía las colchas que hacían Gloria y David cada dos semanas.

David crecía y se estaba formando un hombrecito muy bonito. A Gloria le encantaba vestirlo con pantalones cortos, camisa blanca, saco y corbata. A los cinco años David era uno de los favoritos de la vecindad. Tenía cinco años pero hablaba como si tuviera quince. Era un niño que había acumulado una cantidad de palabras que ni los mismos adultos tenían. Era una verdadera maravilla.

Se hizo amigo de muchos de los niños del barrio. Todas las madres querían que sus hijos jugaran con David para que aprendieran buenas costumbres, para que aprendieran a leer y a ser inteligentes.

Me acuerdo bien de cuando David fue a su primer día de clases, cuando empezó el kínder. La mayoría de los niños que empezaban con él lo acompañaron a la escuela Vail. Lo recuerdo como si fuera ayer. David, de la mano de Gloria, vestido de pantalón corto, saco y corbata, encabezaba todo el grupo de sus amigos, amigas, y las madres y las amigas de las madres. Todos entraron a la sala del kínder y la maestra, la Mrs. Miranda, la única maestra en toda la escuela que hablaba español, los sentó en una alfombra grande colocada en medio de la sala. Lo primero que hizo la maestra Miranda fue dirigirse a David, quien se puso de pie y le dijo que tenía algo para ella y para cada uno de sus compañeros.

Gloria puso dos bolsas grandes enfrente de David y yo le di las que yo había llevado. David abrió una y luego otra y de ella sacó una colcha bellísima que puso en las manos de la maestra Miranda. La maestra se quedó mirando la colcha, como si la belleza del obsequio la dejara pasmada. Mientras tanto, David y Gloria repartieron colchas a cada uno de los niños que empezaba la escuela. Esas colchas llegaron a ser las favoritas de todos los niños y las usaban para el tiempo de descanso que tomaban durante el día.

Sucedió que El Caray vino a la casa unos cuantos días después de que David había regalado las colchas. El Caray se puso furioso con Gloria y el niño. Les gritó que no los mantenía para que regalaran toda su mercancía a la chusma que los rodeaba. Los gritos de El Caray se oían hasta la tienda de los Núñez donde yo estaba con otras mujeres de por aquí. Fuimos para la casa de Gloria y al llegar éramos diez las que confrontamos a El Caray quien en ese momento ya estaba echando en su troque todo el material y las colchas que habían hecho Gloria y David.

—¡Esas no, esas me pertenecen a mí!— gritó Gloria, y se las arrancó de los brazos.

Este la agarró del pelo y, en el momento en que la iba a golpear, nos le echamos encima con escobas, palos y colchas. El Caray se subió de prisa a su troquecito. Pero, antes de que huyera, le quitamos las colchas y las telas que se iba a llevar. Gloria lo vio cara a cara por última vez y le gritó

—Lárgate desgraciado, jamás te quiero volver a ver. No te necesitamos para nada. Y quiero que sepas que no eres el padre de David. ¡Vete al diablo, boca suelta!

En ese momento El Caray se puso muy serio. Miró a su alrededor y vio a David parado al lado de Gloria. El Caray arrancó en su troque y se fue, como dicen los muchachos, quemando hule por toda la calle Maple.

Esa noche, yo y otras mujeres, acompañamos a Gloria y a David. Gloria lloró toda esa noche hasta la madrugada. Mientras tanto, en contraste a su madre, David durmió muy tranquilo.

Pues mira, hijo, como que se me está secando la garganta. Tráeme algo ¿no?.

—¿Agua?

—No, mejor ese vinito tinto que me trajiste el otro día.

La cosa es que Gloria, después de unos seis meses, se vio obligada a buscar trabajo para poder ganarse la vida. David le dijo que deberían hacer y vender colchas. A Gloria le pareció excelente la idea y eso hicieron por unos tres meses. Cuando se aproximaba la época navideña, Gloria y David fueron a hablar con el señor Núñez para pedirle permiso de vender las colchas en su tienda. El señor Núñez les dijo que sí, con la condición de que David pasara en la tienda unas cuantas horas los sábados y domingos para acompañarlo. Es que el señor Núñez quería mucho a David. La idea de vender las colchas en la tienda del señor Núñez tuvo mucho éxito. Pero lo que más atraía era David. La gente venía de afuera del barrio para hablar con él, para verlo y para comprarle las colchas que él hacía.

Durante toda esa época navideña, Gloria y David trabajaron mucho y vendieron muchas colchas, las cuales se hicieron muy populares. Algunas mueblerías fueron con Gloria para que les hiciera colchas exclusivamente para sus tiendas. Gloria les dijo que lo haría si ellos proveían el material y le pagaban un salario y el seguro médico. No quería trabajar por pieza. Sucedió que cinco mueblerías aceptaron su trato. Tres de esas mueblerías, Bucarines en Rodeo, Clark Etan y Banks House De Cope eran muy lujosas y estaban en Beverly Hills, Brentwood, y Santa Monica, allá donde trabajaba El Caray.

Ese año, en la primavera, vino Gloria a la casa a visitarme. Llegó muy alterada, muy contenta, y la invité a sentarse exactamente aquí en donde estamos sentados ahora nosotros. Le pregunté la razón de su júbilo. Gloria me dijo que el dueño de la casa que rentaba se iba a mudar a Fresno y que le había ofrecido vendérsela. Y el dueño le aceptaba los pagos de los nueve años que había rentado como enganche. Yo le dije que me parecía muy generosa la oferta. Pero el dueño quería sacarle a la casa dinero en efectivo y le pidió a Gloria que fuera a un banco a pedir un préstamo. Gloria fue con el señor Núñez y le pidió su ayuda como avalador del préstamo. Ese año Gloria compró su casa.

Ese también fue el año que David cumplió, si me acuerdo bien, siete años. Y fue durante el verano que Gloria vino a la casa otra vez muy alterada, pero esta vez llegó llorando y medio histérica. Al lado de ella traía de la mano a David, quien entró a la casa como si estuviera espantado. Al muchacho le di una cucharada de azúcar. Se soltó a llorar del susto que le había dado su madre. Después de un ratito, David se quedó dormido en la alfombra.

—¿Por Dios, mujer, qué te pasa? ¿Qué te pasa?

Pequeña nación

Gloria me jaló hacia David, le levantó el brazo derecho y lo volteó para revelar el codo.

—¡Mire eso! ¿Qué no lo ve?

—¿Ver qué cosa, Gloria?

—¡Mire esa cosa, ese hueso que le sale del codo!

Me fijé con más cuidado en el codo de David. Lo toqué, lo comparé al otro. Gloria tenía razón. Tenía un crecimiento, que parecía de hueso, que le salía del codo. La cosa tenía una punta. Gloria le subió la camiseta.

—Mire, me dijo, —Mire cómo está mi David.

Gloria no se pudo contener y se fue a la cocina llorando.

De las costillas, le salía a David una docena de tumores, duros y puntiagudos. Estos crecían directamente del hueso y estiraban la piel del joven. Los tumores le cubrían el torso. Parecía que no le causaban dolor. Noté que tenía más en la espalda, pero todavía no en las piernas ni en la cabeza.

Muy temprano al otro día, Gloria, David, el señor Núñez y yo fuimos a ver al doctor de Simons. El doctor Walland era el único doctor a quien le teníamos confianza. El conocía muy bien a la gente de Simons y cuando era necesario venía a nuestras casas. Nos conocía a todos, y en varias ocasiones nos ayudó a dar a luz a nuestros hijos. El doctor Walland era verdaderamente generoso.

Llegamos a su oficina a las ocho en punto. Entramos todos en grupo. El doctor ya tenía pacientes en la sala de espera. No había recepcionista, ni enfermera. El doctor lo hacía todo sin ayudantes. Nos sentamos, menos David que se quedó de pie al lado de su madre.

Pronto me di cuenta de la expresión de sorpresa, de maravillados, que tenían los tres pacientes que habían llegado antes de nosotros. Se quedaban mirando los brazos, el cuello y la cara llenos de protuberancias, de espinas huesudas, de David.

Después de un ratito, David se dio cuenta de que lo miraban como si fuera algo raro, y escondió la cara en el regazo de su madre. En ese instante no pude contener el río de lágrimas que brotó de mí por el bello David. Yo me levanté, me lo subí a mi seno y le cubrí la cara espinosa con besos. David empezó a reírse de los besucos que le daba.

El doctor Walland nos pidió pasar al consultorio. Sonriente y con calma examinó a David. Le hablaba de la escuela y de sus amigos. Le dijo a David que tenía que sacarle sangre, y éste ofreció su brazo izquierdo y no dio ni un pestañazo cuando lo picaron.

David se quedó en casa una semana durante la cual el doctor se aseguró de que lo que tenía David no era contagioso. Pero tampoco conocía la condición que lo afligía. La enfermedad era rarísima, de eso sí estaba seguro.

Empezó una semana de examinaciones a manos de doctores especialistas en el White Memorial Hospital, en donde había un centro de investigaciones para casos raros. También le explicaron a Gloria que no sabían cuántas espinas más le iban a salir. No sabían cuáles serían las consecuencias si los tumores crecían hacia el interior del cuerpo, pero parecía que sólo crecían hacia el exterior.

Después de casi un mes de investigación, no encontraron ni la causa, ni el remedio para los tumores del bello David. El último día de exámenes no le dieron nada de medicina, lo despidieron solamente con una tarjeta con la fecha indicando que tenía que volver en un mes.

Bueno, sucedió que Gloria y David no volvieron al hospital. Continuaron sus vidas en la casita que compró Gloria en la calle Maple. A David no lo echaron de la escuela por su enfermedad. Los niños se le arrimaron aún más, lo protegían y algunos aun incluso le ayudaban a hacer colchas. Porque de eso, de las colchas bellas que hacían, madre e hijo vivían.

Aunque los tumores no dejaban de brotarle de los huesos al hermoso David, parece que su vida y la de su mamá avanzaban bien. Ella haciendo y vendiendo más colchas que nunca. Y ocurrió una cosa curiosa: las colchas que hacía David empezaron a tener más valor.

Las personas que venían a comprar, y venían de todas partes, veían a David y lo consideraban un fenómeno, y entonces querían comprar las colchas hechas por él únicamente. Hasta llegó el día que se hizo tan popular que hacía colchas por orden especial. Y eran caritos los precios que David cobraba.

Pequeña nación

Cuando pasó de la escuela primaria a la junior high, David tenía unos doce años. Había pasado con facilidad por la escuela, era un muchacho que aprendía rápido y seguro. Gloria se jactaba de las notas excelentes que sacaba en todas las materias.

Un día, cuando David esperaba el autobús en la tarde, después de clases, tres muchachos del grado noveno se le arrimaron y lo rodearon. Empezaron a tocarle los tumores que tenía en la cara, en los brazos, y le preguntaron si era un leproso. Le dijeron que pronto iba a volverse loco y a morirse. Le dijeron cosas muy feas. Lo empujaron y lo forzaron a ponerse al final de la cola para subir al camión.

Los amigos de David trataron de defenderlo, pero los muchachos eran más grandes y los golpearon. Los defensores de David se retiraron sólo para ver la manera brusca en que trataban a su amigo. A pesar de darse cuenta de que estaba solo, David no se echó para atrás. El muchacho más grande le dio un puñetazo en la boca y le rompió el labio. Al llegar el autobús, el chofer se bajó para ayudarle a David a levantarse y subir.

Por todo el camino los atacantes de David se burlaron de él. Todos empezaron a reírse de sus tumores. Se burlaban de su cara, de su cabeza deformada, de sus manos tumorosas, de los zapatos especiales de tela y de los pantalones y camisas sueltas que llevaba puestos.

De ese día en adelante empezaron los sufrimientos continuos para David. Los tumores parecían hacérsele más largos y puntiagudos. Especialmente los de la cabeza, la cara, las manos y los pies. Los de los pies le causaban dolor al andar y Gloria le hizo unas chanclas con suelas acolchonadas.

David empezó a caminar como si le quemaran los pies y por eso los muchachos se burlaban más de él. Un día en la escuela lo rodearon de nuevo. El Denny, el joven más bravo del grupo, se le plantó a David frente a frente.

—Monstruo, sapo cuernudo, me das asco—sabrá Dios cuántos insultos más le gritó. David trató de pegarle, pero se cayó al lado de un enorme nopal silvestre que había crecido en medio del jardín de la escuela. El Denny, riéndose, le gritó.

—¡Levántate, cara de nopal! ¡Ponte de pie, penca espinosa!

David se levantó, logró agarrar al Denny y le dio con los puños tumorosos. Después, le dio unos topes con la frente tan duros que dejó al joven desmayado.

Alejandro Morales

Llegó un maestro y los separó. Se llevó a David a la oficina del director. Ya adentro del edificio, se oía la bola de muchachos gritando:
—¡La Penca cateó al Denny!
"¡La Penca kicked Denny's ass!"
Desde ese día, todo el mundo le empezó a llamar a David "La Penca."

Mi madre hizo una pausa, se acomodó en la silla, bebió un poquito de vino y se fijó en mí. Descansábamos bajo la calma y la frescura del enorme aguacate verde.
—¿Madre, que le pasó a David?
—¿A La Penca?
—Sí, a La Penca.

Gloria y La Penca,... David, pasaron por un tiempo de crisis. Como que de repente, de un día para otro, Gloria perdió la cordura. Empezó a vestirse muy provocativamente, con faldas muy cortas y blusas escotadas. Salía con unos hombres que la llevaban a bailar a Hollywood. Los vecinos decían que, al volver a la casa, los hombres la besaban y la manoseaban.

Gloria iba a la tienda de Núñez para dejar las colchas de David y salía con botellas de vino blanco. Esperaba a los hombres enfrente de su casa tomando de una botella de vino.

Una noche, tu hermano pasó por allí y llevó a Gloria a bailar al Sombrero Club. Después, según me dijeron los vecinos, vieron el carro de tu hermano estacionado dentro de una milpa. Un vecino fue a averiguar por qué lo habían estacionado allí y los descubrió haciéndose cosas feas. La atracción entre los dos era muy fuerte y sólo se explicaba por la lujuria de los dos. Gloria era diez años mayor que tu hermano. Pero parece que se querían.

Pasaron los días, y una tarde, cuando llegó David de la escuela, oyó unos ruidos raros en el cuarto de su mamá. David se acercó a la puerta tras la cual se oían unos gemidos, murmuraciones de Gloria y tu hermano que estaban hundidos en alimentos de la pasión que sentían el uno por el otro.

Pequeña nación

Abrió muy despacito la puerta y observó lo que hacía su madre. En ese instante le salió un llanto tan extraño que hizo saltar a los amantes de la cama. David se le echó encima a tu hermano y se golpearon. Tu hermano sufrió unas cortadas en la cara, y todavía tiene las cicatrices.

Gloria sufrió la vergüenza de que su hijo la encontrara desnuda en la cama con un joven y tardó unos meses para aliviarse del fuerte susto que le causó el rarísimo llanto inhumano que le salió a David. Toda esa noche se pelearon. Amanecieron culpándose el uno al otro.

Ese día David le confesó a su madre que sentía una fuerte atracción por algunas muchachas de la escuela, pero que por su enfermedad sabía que nunca podría poseer, querer, tocar o besar a una muchacha bella.

—¡Soy un enfermo, un monstruo!—gritó David. —¿Por qué tengo que vivir, mamá?— lloraba David al desplomarse a los pies de Gloria.

Desesperada por aliviar el agudo dolor de su hijo, lo abrazó, lo besó y le pidió perdón. Y desde ese momento, le dedicó la vida a su hijo, a David, a ese muchacho al que le apodaron La Penca.

De repente, mi madre dejó de narrar, se puso de pie, se estiró y entró a la casa sin decirme nada. Después de unos quince minutos, volvió con doña Amalia, la señora que la cuidaba, y quien traía una charola de galletas, quesos y frutas.

—Traje unos bocaditos para refortalecernos. Porque empecé este cuento y me dan ganas de terminarlo. ¿Te vas a quedar? ¿Verdad, hijo?

—Siéntate, madre, y dime qué le pasó después a La Penca.

—Pues sucedió que Gloria, después de sobrevivir esa crisis, cumplió con su palabra de dedicarle la vida a su hijo. Gloria hacía todo por David. Lo sacó de la escuela pública y lo matriculó en una escuela secundaria católica. Era una escuela famosa y con metas académicas rigurosas, porque recibía solamente muchachos sumamente inteligentes. Gloria llevó a su hijo a que le hicieran una serie de exámenes y él los pasó con resultados altísimos. Lo consideraban un genio e inmediatamente le ofrecieron una beca.

Alejandro Morales

No te imaginas el orgullo de David al ser nombrado genio. Se lo merecía, porque ninguno de por aquí sobresalía en los estudios; todos fueron una bola de burros. Pero mi David, sí. Y él lo sabía. David terminó la secundaria, y luego lo aceptaron en una universidad privada, prestigiosa y cara. Creo que cerca de San Francisco. Todo ese tiempo continuaba practicando el arte de acolchar. En la universidad, una vez que los estudiantes se acostumbraron a David, se hizo muy popular. El cuarto de David estaba lleno de colchas preciosas y empezó a enseñarles a sus amigos cómo acolchar. Llegó a ser uno de los amigos favoritos de las muchachas más bonitas de Stanford. Una se llamaba Melisa, y David se enamoró de ella. Siempre quería estar cerca de ella, pero David se daba cuenta de su condición física y se resignaba a ser sólo su amigo fiel. Me acuerdo que, cuando volvía a la casa durante el verano, el pobre muchacho se ponía desesperado por no ver a Melisa. Gloria lo animaba a invitar a su amiga a visitarlo, pero David le decía que tenía vergüenza de invitarla a su casa en el barrio. Melisa era una muchacha rica quien, sin duda, le tendría lástima al ver la manera en que vivía. David le empezó a llamar por teléfono y pasaba horas hablando con ella. Continuaron las conversaciones entre los jóvenes hasta que Gloria y la madre de Melisa hablaron y decidieron visitarse. La madre de Melisa vino a Los Angeles a ver a una parienta que tenía en Pasadena y allí se conocieron Gloria y la señora Dierdock— creo que se llamaba así. Gloria le explicó todo lo que había pasado entre David y Melisa. Así, pues, llegó el día en que Gloria tuvo que invitar a la madre de Melisa a venir a visitarla a su casa. A la señora Dierdock le encantaron las colchas que hacían Gloria y David y quería hablarle a Gloria de la posibilidad de hacerle un pedido para regalar a los empleados y a los clientes. Gloria no le comunicó nada de esto a David, que para fines de agosto volvió a Stanford para cursar su tercer año. David y Melisa se hicieron amigos íntimos. Melisa le confesaba todas sus preocupaciones y sentimientos a David y éste compartía algunas cosas con ella, pero nunca le declaró el profundo amor que le tenía. Mientras que David caía en el abismo de ese amor severamente frustrado, Gloria y la señora Dierdock también se fueron haciendo grandes amigas.

Pequeña nación

A David el amor por Melisa le hacía la vida, sicológica y físicamente, una tortura. Verla todos los días, pero no poder acariciarla, abrazarla o besarla como amante lo hacía sentirse aún más enfermo. A veces los tumores le salían más rápido, y eran más agudos y más dolorosos. Pero David sufría su condición calladamente, resignado a ser sólo amigo de la mujer que adoraba, de la mujer por quien daría su vida. Varias veces le dijo esto. Una vez lo hizo en una fiesta que se organizó para celebrar el triunfo del equipo de fútbol americano contra UCLA; una victoria que garantizó que Stanford jugaría en el Rose Bowl. Craig, uno de los futbolistas, empezó a perseguir a Melisa hasta que ella le dijo que no la molestara. Pero el joven persistió, y ella lo rechazó violentamente. El muchacho levantó la mano para pegarle cuando se le enfrentó David y le dijo "If you touch her you'll have to deal with me!" El joven futbolista, al escuchar la amenaza de David, se soltó a carcajadas y dijo "Okay, I give up, thorn face! You're too scary for me! I sure don't want to get stung by one of your stingers." Todos empezaron a reírse. "Or get stabbed by one of his prickers!", gritó otro futbolista. Todos, menos Melisa, se rieron de David, quien salió de la casa cojeando.

Pues así vivió David el tercer y el cuarto año de la universidad, con su amor imposible presente ante él. Lo que hacía David para aliviar su dolor físico y sicológico era acolchar y estudiar pintura. Tomó todas las clases de pintura que se ofrecían en Stanford. Y era tan buen pintor que los profesores lo recomedaron a una escuela privada en San Francisco, a la cual sólo iban los artistas genios. A David lo consideraban como uno de ellos, un artista poseído por la musa de la pintura. Su sensibilidad era tal que, tan sólo le enseñaban un cuadro de un artista famoso, él estudiaba los colores, las pinceladas, la textura, el estado mental del pintor; a veces hasta agonizaba con el sufrimiento o gozaba con la alegría del pintor. David reproducía el cuadro como si el artista hubiera resucitado para pintarlo de nuevo. Muchos estudiosos de Stanford, historiadores y teóricos del arte, sicólogos y sociólogos empezaron a estudiar a David. Además, David empezó a producir cuadros con escenas de su vida: de su niñez, de sus padres, del barrio, todo lo que recordaba. Muchos de estos cuadros eran como fotografías. También pintaba cuadros raros, abstractos que no se entendían, pero que los críticos de arte decían que eran extraordinarios. Melisa era la que más lo animaba a pintar y

coleccionaba sus cuadros. Llegó el día en que, por primera vez, vendió una de sus pinturas, no porque él tratara de venderla, sino porque a una pareja de Palo Alto le encantó tanto que no quería dejarla.
"The painting is family, happy family and that's us. What do you want for it?"
"I don't want to sell it," David respondió.
"Please, Mr. David," rogó la niña de la pareja.
"Five hundred for the painting," ofreció el padre.
"Five hundred? Fine, if it makes you happy."
De allí en adelante más personas venían a buscar los cuadros de David. Sucedió que la señora Dierdock le propuso a Melisa y a Gloria abrir una galería pequeña en Palo Alto. Se venderían los cuadros y las colchas de David, y las de Gloria por supuesto, y también las colchas de los estudiantes que David considerara dignas de ofrecer al público.
La inauguración fue espectacular. Todos los amigos de David fueron a celebrar su éxito como pintor y acolchador. Asistió incluso el equipo de fútbol de Stanford encabezado por Craig, el futbolista con quien David había tenido la confrontación por querer proteger a Melisa. Estuvieron presentes también el rector de la universidad, muchos profesores, gente interesada en el arte y la prensa. En medio de todos ellos estaba David y, a mi lado, Melisa, quien se ofreció a ser la contadora y gerente de su amigo. Detrás de todos estaban las madres de los dos, la señora Dierdock y Gloria.
David y Gloria continuaron juntos en el negocio. Tuvieron mucho éxito; David se hizo famoso y rico. Pero toda la fama y la riqueza no podían satisfacer el amor que sentía por Melisa. Él la deseaba, quería poseerla, soñaba con abrazarla, acariciarla, dormir con ella enredado en su cuerpo. Tenerla en sus brazos por tan sólo un breve tiempo le hubiera dado un poco de alivio, pero esto nunca sucedió. Melisa lo trataba como un amigo, como colega, como hermano.
"I love you like a brother." Te quiero como hermano, esas eran las palabras que le partían lentamente el corazón a David.
Un buen día, el dueño del local, un hombre sin familia, que admiraba muchísimo a David y a Melisa, les ofreció el edificio en que estaba la galería. Melisa se puso contentísima. David inmediatamente pensó en ampliar su estudio. Hizo los planes para

Pequeña nación
convertir el segundo piso en un apartamento y estudio. David tumbó paredes, hizo las conexiones eléctricas, instaló cocina y baño y una plomería nueva. El estudio era el mundo privado de David; allí pintaba y acolchaba y nadie más que él sabía cómo era. No le permitía entrar a nadie, ni siquiera a Melisa la dejaba dar un paso en aquel espacio secreto. El estudio era como una venganza para David. Se vengaba por la enfermedad que tenía, por los nuevos tumores que le salían en el cuerpo y por el amor frustrado que tenía por Melisa; y se vengaba de Melisa por no poder amarlo.

David trabajaba largas horas en el estudio pintando. Pintaba a los obreros en los campos, a los niños camino a la escuela, a los ancianos, a los amantes en el parque, a los estudiantes chicanos en Stanford, policías, doctores, carpinteros, banqueros, pandilleros y hasta a un sacerdote chicano. Ese sacerdote compró varios cuadros en los cuales aparecían los feligreses de su parroquia. Colgó las pinturas en la iglesia católica la Purísima.

El sacerdote le pidió a David que llevara sus cuadros a la iglesia. Durante su visita, el sacerdote le regaló a David una imagen de la Virgen de Guadalupe. Por una razón que David nunca pudo explicarse, empezó a pintar una serie de cuadros de la Virgen de Guadalupe. En ellos la Virgen hacía todo lo que hacía la comunidad chicana. De vez en cuando sacaba algunos de los cuadros y los vendía, pero todos los demás los guardaba.

A veces ocurren en la vida incidentes completamente inesperados que cambian radicalmente la vida de un individuo, ampliando las posibilidades y abriéndole las puertas hacia nuevos senderos. Varias de estas oportunidades se le presentaron a David. Una en particular, lo hizo aún más famoso. Estaba trabajando en el espacio que utilizaba como oficina, revisando cuentas con Melisa, cuando entró un hombre alto, grueso, vestido de camiseta, chaleco y jeans. El hombre vio a Melisa y gritó:

"Penca! Where's la, La Penca!"

Melisa se asustó por el tono agresivo de su voz. Notó que se tambaleaba como si estuviera borracho. Los clientes se fueron al otro lado de la galería, evitando al hombre aparentemente embriagado. Melisa caminó hacia el teléfono para llamar a la policía, pero se detuvo cuando oyó. "I'm her to buy La Penca's Vir-Virgen paintings."

Salió David para ahuyentar al vagabundo que pronunciaba las palabras despacio y de manera borrosa, confusa, como si estuviera ebrio. El hombre lo vio, se le acercó y lo abrazó.

"Penca, you don rememer me. I'm the guy who push pushed you 'round in grammar school and name you Penca!"

David lo vio, lo reconoció. Se calmó y se acordó de aquel joven con quien se había agarrado a golpes cuando era niño.

"I wan to see your Virgen pain-paintings. I'm Denny. I'm not her to kick your ass. I'm her to buy! So sho-show me!"

David no le tenía confianza a Denny. ¿Cómo iba a pagar por los cuadros? Parecía un pobre desgraciado. Muy calmado y sonriente, David le mostró varios cuadros de la Virgen de Guadalupe. Denny los estudiaba, desconcertado, perplejo; sacudía la cabeza y agitaba las manos negativamente.

"That's nice! Nice! But they're not yo-yours. I wan your-your paintings."

"They're mine, all of these are mine!", dijo David molesto.

"No-no you did-didn't sign them. Who in the hell-hell is David?"

Melisa volvió con dos cuadros recientes que no estaban firmados.

"I'm David!"

"No, you-you La Penca, La Penca and you shou-should be pround of it," dijo Denny levantando temblorosamente uno de los cuadros que trajo Melisa.

"I don'like these as much as the oth-others, but I'll, I'll take them. But you must sign, sign La Penca."

Resultó que Denny había estudiado informática y estableció una compañía de refacciones para computadoras. Su negocio creció y llegó a ser una compañía de ganancias multimillonarias. Tenía fábricas en Santa Ana, Saratoga y Tijuana. Tenía una casa en Saratoga y otra en Villa Park, ambas ciudades de ricos. Denny le compró a David una cantidad de cuadros y le mandaba muchos clientes ricos para que le compraran sus obras.

Un día, cuando subía un cuadro de la Virgen de Guadalupe en su camioneta, Denny le explicó su condición física a David. "Polio, Polio, a bout with Polio. That's why I sha-shake and speak, speak slow. It got, got me when I wa-was fifteen. Doctors said the disease ha-had disappeared bu-but it came back. Everything everything comes back, you know."

Pequeña nación

Craig venía a la galería a menudo, no para comprar cuadros, sino para ver a Melisa. Ella empezó a salir con él, el astro ascendiente y, naturalmente, ante los ojos de David, se enamoraron. Siempre estaban juntos. Si David veía a Melisa, sabía que pronto estaría Craig junto a ella. Cada vez que saludaba a Craig aparecía Melisa.

La fama de David como pintor, ahora conocido como La Penca, crecía en recintos nacionales e internacionales. Recibió varios reconocimientos prestigiosos de universidades e instituciones artísticas. David estaba contento con su fama, pero todavía se sentía solo en la vida y vacío en el corazón.

Su amor por Melisa no disminuía sino que, por lo contrario, su pasión aumentaba. Había momentos en que David contemplaba a Melisa y temblaba de deseo. En otras ocasiones, cuando la veía con Craig, David se rompía algunos de los cuernos que le salían del cuerpo. Sangraba y aguantaba el tremendo dolor para calmar la envidia. Varias veces lo tuvieron que llevar con el médico que le decía:

"Don't get so uptight, David, relax."

No había ningún tratamiento que le mejorara. Nada lo podía sanar física o espiritualmente. David agonizaba en su soledad.

Una noche, después de que la galería cerró, Melisa y Craig fueron al cine. David se retiró a su estudio a pintar. Después de las doce, bajó a buscar un dibujo de un estudio que quería empezar. Al bajar lentamente oyó en la oscuridad las voces de Craig y de su querida Melisa y sintió alegría tan sólo por la esperanza de verla una vez más esa noche. Los dos hablaban tranquilos de la película que acababan de ver. De repente, David se dio cuenta de que Melisa estaba sentada sobre Craig con la blusa abierta. David se quedó helado. Se le fue la respiración al ver a Craig hundir la boca, la nariz, los ojos entre los pechos de Melisa, saboreando, respirando, viendo y sintiéndola toda a la vez. David se sintió sofocado por la rabia que se le subía a la cabeza cornuda. Desanduvo sus pasos y volvió a su estudio. Sin hacer ruido, atrancó la puerta, se rompió algunos cuernos que le salían de la cabeza, la cara y el pecho. Luego se trozó unas protuberancias cerca del pene, no se permitía gritar y no se limpiaba la sangre. Prendió todas las luces, las lámparas más fuertes que rodeaban el cielo del estudio y contempló su automutilación. Cuando David se acabó de desnudar, notó que el piso de madera estaba sangriento, y se dio cuenta de

Alejandro Morales

que la Virgen de Guadalupe lo espiaba desde los cuadros que de ella tenía inclinados contra la pared. A aquella mujer pura, que quiere a todas sus criaturas, David le preguntó insolentemente:
—¿Me quieres Virgencita? Madre de Jesús, tu hijo, otro desgraciado, sacrificado, que no podía fornicar con las mujeres que él quería y quienes lo seguían esperando que se las echara una noche a escondidas.

David arrojó los cuadros sobre el piso, agarró las latas de óleos rojos, amarillos, azules, rosados, verdes, violetas, blancos, negros y las arrojó sobre los lienzos con la figura de la Virgen. Desnudo y sangriento se acuclilló, se sentó sobre la Virgen y empezó a embarrar la sangre en los óleos. Se volteó sobre el estómago y empezó a hacerle el amor a la Virgen. Sintió que ella le respondía, le acariciaba cada tumor de su cuerpo. David derramó más óleos en las imágenes sagradas y, con ternura y pasión, las amó repetidas veces, hasta que, después de un rato, la Virgen le exprimió toda la energía de su cuerpo. El orgasmo fue tan dulce y profundo que lo dejó en un trance de sueño. David dejó de sangrar, se calmó y se quedó como muerto.

Por la mañana, después de bañarse, salió a levantar los cuadros de la Virgen de Guadalupe. Pero cuando regresó al estudio, se quedó pasmado ante lo que vio en el piso. Una de las figuras estaba completamente cubierta de óleos que configuraban un cuadro abstracto de combinaciones de colores intrincados y espectaculares. La Virgen había desaparecido debajo de los colores y le había dejado a David una pintura original. David apenas podía despegar los ojos del obsequio virginal.

"Virgin, lover, thank you for this gift."

David firmó el cuadro *La Penca* y lo bajó a la galería donde estaba Melisa organizando unas pinturas y colchas antes de abrir. David, sin decir nada, le presentó el cuadro.

"Oh my God... that's beautiful, David. Is this a new style? We have to put it in the window right away. You're amazing, you are really amazing."

"So are you."

"Title?"

"Virginal Gift."

"Are there more?"

"Yes."

Pequeña nación

"When can you bring them down?"
"It'll take a while to develop this new technique."
Melisa sonrió y colocó el cuadro en el escaparate. En unos cuantos minutos se amontonó la gente para contemplar el cuadro maravilloso.
"Everybody likes that painting. What should we price it at?"
"I don't know. What's it worth to you?"
"You've broken your high with this one. I'll say ten thousand and see what happens."
Al abrir la puerta, entró Craig, y se dirigió directamente a David y le dijo:
"I want to give you a hug. That's the prettiest painting I've ever seen. Thank you."
David se escapó de la galería por la puerta de atrás y se fue en busca de la Virgen en los montes y los bosques cerca de la universidad.
Pasaron los días, pasaron los meses y Melisa y Craig se encontraban a menudo en la oficina de la galería para amarse. Al mismo tiempo, en el estudio directamente arriba de ellos, la Virgen aparecía en los cuadros de David. Ella le extendía los brazos y él, desnudo y cubierto de distintos óleos, se unía con ella retorciendo el cuerpo en una convulsión emocional. Sentía a la Virgen arder en él cuando Melisa consumía al amante en ella. En cierta forma, David llegó a sentir alegría con Craig. La Virgen bendecía a David y le decía—ámame con todo, con tu corazón, mente y carne, devórame con tu cuerpo, únete a mí.
David, desesperado por no saber cómo quererla, se sentaba sobre los labios de la Virgen, movía el ano y los testículos untados de óleos y se arrastraba sobre la figura de la Amada. Torcía el cuerpo atormentado del dolor que le causaban los tumores, quebrándolos y desangrándose en ella. Mezclaba la sangre roja con la pintura con que acariciaba el cuerpo cálido de la Amada. Horas enteras pasaban hasta que el orgasmo suave y fuerte culminaba en la comunión espiritual con la Virgen, que felizmente le decía a su querido:
—Instala un taller de pintores—. David sonreía de la satisfacción y la tarea que le ofrendaba la Divina Amada.

—Aquí termino hoy, muchacho. Ya pasa de las nueve. Ha oscurecido, Tla... ¿cómo te llamó tu amigo el poeta?

—El Tlacuilo, madre. Por favor, no dejes de narrar y termina esta historia fascinante.

—Estoy muy cansada, hijo. Cargo noventa y tres años y a veces los siento en la intelectualidad de mi ser. Ven mañana y el día siguiente y acabaré de contarte la vida de La Penca. ¡Amalia, ya es hora de entrar! Ven para acá, muchacho. ¡Híncate! En el nombre del Padre, del Hijo y del Espíritu Santo...

Aquí, en la última sílaba del santo, mi madre solía picarme el ojo izquierdo con el dedo meñique de la mano derecha. Como siempre, nunca fallaba, yo me protegía guiñando el ojo. Ella se enojaba porque creía que me hacía el chistoso.

—Estate quieto, muchacho, no te burles de lo sagrado.

Yo no me burlaba sino que le tenía temor a aquel dedito que aparecía sobre mi pupila izquierda, a veces causándome un dolor agudo. Pero ella no sentía nada.

—¡Mírame cuando te hablo! Vuelve pronto, niño dichoso. Tlacuilo de mi corazón.

Acompañada por doña Amalia, mi madre entró en la casa, dejándome solo con el Mocho en el frondoso jardín de su amante Delfino.

La Penca había seleccionado a tres jóvenes para que fueran aprendices en el taller de pintores y acolchadores. Esto lo hizo por cumplir los mandatos de su Amada deliciosa, la Virgen de su vida. Para instalar el taller, David alquiló un pequeño espacio contiguo a la galería. Antes lo había ocupado una boutique de ropa, que después de cuatro años cerró. La dueña se dio por vencida y rehusó renovar su contrato de arriendo. David le ofreció al dueño firmar un contrato por cinco años si rebajaba el alquiler en un cincuenta por ciento. El señor, al principio, le dijo que no, pero después de unos cuantos días le pidió a David cinco cuadros, tres que quería seleccionar cuanto antes y los dos últimos que serían de los cuadros del primer año de producción en el nuevo taller. Firmaron el contrato y así David obtuvo un espacio amplio para los aprendices.

El primero era un Ronaldo Ocampo, muchacho de Stanford, que estudiaba química y era un excelente muralista y pintor de retratos hiperrealistas. David también invitó a Eduardo Kim, un joven de la escuela secundaria que pintaba todo tipo de edificios con formas humanas desnudas emergiendo de ellos. La visión

Pequeña nación

que transmitía este muchacho en su pintura le había causado problemas a él y a su maestro, a quien habían despedido por permitirle al joven pintar de esa manera. La tercera artista era Rita Deford, que estudiaba historia del arte y también pintaba figuras y escenas naturales y urbanas con técnicas ya avanzadas. No sólo la calidad del arte que producía convenció a David de incluirla en el taller, sino también la condición física de ella. Rita era verdaderamente alta, de cabello negro rizado, cara redonda con hoyuelos en las mejillas, y de cuerpo fuerte, con el aspecto de una mujer que levantaba pesas. Cuando la visitó en la universidad, la condición de David causó alarma en la oficina del jefe del departamento de arte. Pero, después de las introducciones, todo se calmó y lo llevaron a conocer a la joven que había solicitado ser aprendiz en el "Taller de La Penca".

"She always works alone", dijo el profesor.
"Why?" Preguntó David.
"Rita is the best artist I've worked with", indicó el profesor.
"Why does she work alone?" David repitió la pregunta.
"You'll have to see for yourself, then you'll understand."

El jefe del departamento y David subieron las escaleras del edificio de arte. Oyeron gemidos, quejidos, gritos. Entraron a un balcón y miraron hacia abajo. Allí en el piso de un auditorio pequeño una muchacha pintaba con su cuerpo, no como lo hacía David, aunque lo pareciera. Pintaba con la mano derecha y cada movimiento que hacía con el pincel se reflejaba en la mano izquierda y en los sonidos raros que salían de su boca. Los movimientos eran a veces suaves y a veces violentos. La emoción que sentía Rita se manifestaba en el lado izquierdo del cuerpo. Así que, cuando pintaba excitadamente, cuando sus pinceladas eran rápidas, las acciones de la mano, la pierna y el pie izquierdo también se expresaban vigorosamente.

Desde el balcón del auditorio David contemplaba a Rita. La muchacha se revolcaba alrededor del cuadro que revelaba. El compás normal de pintar de cualquier otro individuo se traducía con ella en una serie de torceduras y tartamudeos físicos, que acababan por dejarle la ropa empapada de sudor. El resultado de este esfuerzo enorme eran unos cuadros intrigantes de escenas medievales, góticas y religiosas, poblados de seres grotescos yuxtapuestos con una naturaleza bella. Sus cuadros reflejaban la lucha de su cuerpo: un lado tranquilo y el otro violento y distorsionado.

"Rita knows your work. She hopes you'll understand her particular situation", dijo el administrador académico.

Así fue como David estableció "El Taller de La Penca." Con Ronaldo Ocampo, Eduardo Kim y Rita Deford como los primeros aprendices. Y en el primer año, bajo la insistencia de David, estos artistas aprendieron a acolchar, ofrecieron cuadros y colchas al público, montaron exposiciones y desarrollaron una reputación nacional.

El taller fue un éxito. Numerosos artículos sobre David aparecieron en varias revistas nacionales importantes. Hablaban de David, de su vida, de su enfermedad y su éxito como estudiante y artista. La publicación de estos artículos atrajo más gente a la galería, querían conocer o, por lo menos, ver a "the artist with a thousand horns over his body." Venían de todas partes del mundo para verlo y comprarle sus cuadros.

Cuando la buena suerte y el destino se agarran de una persona, a ésta le llueve la buena fortuna.

Un día estaban todos cenando en el apartamento de Melisa. Entiéndeme, niño curioso, todos estaban presentes—David, Gloria, Melisa y la señora Dierdock, Craig, Ronaldo, Rita y Eduardo—cuando sonó el teléfono. Querían hablar con David. Pero David no quería hablar con nadie y le pasó el teléfono a Melisa.

"Oh my God, David!" Melisa tomó notas por unos diez minutos. Cuando terminó, buscó a David; pero él ya se había retirado a su estudio privado sobre la galería. Allí le dio las buenas noches a la Virgen y Ella lo abrazó, arrimando la cabeza tumorosa de David contra sus pechos desnudos.

A la mañana siguiente los periódicos de la zona de Monterey y San Francisco desplegaban artículos clamando "the only recipient of the MacArthur fellowship in the Bay Area is a Palo Alto based artist..." David había llegado a la cumbre de la fama al haber recibido el MacArthur Fellowship que se le daba a los artistas genios de los Estados Unidos. Su arte dobló en valor. Museos, instituciones artísticas y universidades le ofrecían altos honorarios por su presencia. Pero David rechazaba todo por caminar en los bosques, pintar en la galería y en la noche nutrirse de los pechos virginales colmados de leche y sentirse en Ella cuando el fluir de su amor se derramaba y se mezclaba con la sangre y los óleos de los cuadros que ambos producían.

Pequeña nación

Una mañana bajó con dos cuadros compuestos de imágenes abstractas de partes del cuerpo femenino. Los tituló, "Body and Fool", y "Milk Lover´s Wound." Los cuadros y los títulos causaron cierta controversia, sin embargo, se vendieron en cinco días a precios que ya habían rebasado la formalidad de información pública.

Naturalmente que las familias de David y de Melisa estaban orgullosas de David y de sus logros. El amor que David sentía por Melisa se había transfigurado en un amor distinto, ya no la deseaba, ya no quería poseerla. Su hambre carnal y espiritual se dirigía a la Virgen que se aparecía en los lienzos para luego dejarlo amarla y crear nuevas imágenes de ella y sobre ella, productos puros del amor divino y de su hambre insaciable por ella. Deseaba más y más su precioso cuerpo.

Una tarde como ésta, en que la paz y la tranquilidad reinaban, en que nada tenía importancia excepto la armonía del ser humano con la naturaleza, en que el otoño empezaba a subvertir con ráfagas heladas los últimos suspiros del estío, estaban Melisa, Craig y David en la galería arreglando unos cuadros nuevos en el escaparate. A través del cristal, vieron asomarse a un hombre y dos mujeres. El hombre cargaba un cuadro envuelto en papel marrón. Una de las mujeres apuntó hacia David y clavó la vista en él. Sin desviar su mirada impertinente, los tres se consultaron. Parecían ponerse de acuerdo. Se fijaron en David una vez más y, temerosos, se aproximaron a la puerta y, en unos segundos, estaban adentro, esperando a que alguien los atendiera. Melisa les dio la bienvenida y el hombre de inmediato colocó el cuadro ante ella, rompió el papel que lo protegía y, temblando ligeramente, dijo, "We want to speak with the artist; no, the person who painted this."

"Apparition". Melisa recordó el título del cuadro con orgullo. Melisa apuntó al cuadro, luego señaló a David diciendo, "One of his best. Here's the artist."

"Artist? He's no artist! He's a desecrator of all that is holy. He's a manifestation of the devil." El hombre habló en voz alta para que todos lo oyeran.

De su bolsa, una de las mujeres sacó una pequeña navaja. Mientras que la otra sujetaba el cuadro, ella, dirigida por el hombre, raspaba y levantaba cuidadosamente la capa de óleos del cuadro abstracto.

"Don't do that! You're ruining the painting!" Melisa intentó detener a la mujer que raspaba la pintura.

"Look at what this abomination of a human being has done!" El hombre se refería a la imagen que lentamente se descubría mientras que la mujer cuidadosamente raspaba los colores brillantes del cuadro abstracto. Con cada raspadita se iba revelando la figura de La Virgen de Guadalupe enterrada debajo de la pintura.

—¡Usted ha profanado una de las imágenes cristianas más sagradas!

El hombre apuntó dramáticamente a La Virgen de Guadalupe a quien ahora excavaban las dos mujeres, raspando con mucho entusiasmo por descubrir un pecado abominable.

Ahora el hombre circulaba por la galería tocando los cuadros y predicando:

—El castigo de Dios destruirá esta creación del diablo. ¿Cuántos de estos cuadros esconden la imagen de nuestra madre sagrada? ¿Este? ¿O quizás éste?"

Mientras Melissa, Craig y David seguían al hombre para prohibirle tocar los cuadros, las mujeres habían tomado otro cuadro celestialmente titulado "Virgin Paradise" y empezaron a raspar la pintura. Al ver que también cubría otra composición de la Virgen empezaron a llorar a gritos. Una levantó el cuadro y dijo:

—Mi Virgen Santísima, ¡cómo te han dañado estos diablos!—

La otra mujer le quitó el cuadro y en inglés declaró, "Christ will punish you for damaging his Holy Mother. You, deformed abomination; your evil market place will be stoned and destroyed!"

David los escuchó, consideró lo dicho, vio el cuadro que habían pelado, decidió que eran unos fanáticos y los echó fuera.

"That's fine, you can stone me later, but now I want you out of my gallery. Get out of here before I call the police. Get out of here!"

Esa noche Melisa, Craig y David se olvidaron del hombre y las dos mujeres. Se convencieron de que eran unos locos sectarios a quienes nadie les prestaba atención. Melisa se despidió de David con un abrazo y una pregunta, "why did you paint over the paintings of the Virgen?"

Pequeña nación

"Because she loves me." David le vio los ojos a su querida Melisa, sonrió y subió a su estudio donde toda la noche, desnudo, pintó con su cuerpo sobre imágenes de La Virgen de Guadalupe. Esa noche la Virgen se le apareció desnuda, como una joven con piernas cremosas, pechos duros con pezones oscuros, cuello elegante, pelo ondulado y largo, y llena de pelo en la parte pudenda. La Virgen partió las piernas y consumió al tumoroso David. Ella insertó un seno entre los labios de su amante y le permitió mamar la rica leche cálida que le llenó el alma de esplendor. David no aguantó la estimulación espiritual y corporal y sintió el orgasmo en el cuerpo y el alma. Se revolcaba rompiendo los cuernos que le crecían del cuerpo, desnudo, tumoroso, lleno de pintura. De repente, notó que de las palmas de las manos y de las plantas de los pies le escurría un chorrito de sangre, y oía a la Virgen rogarle:

—Cómeme, come de mi cuerpo y de ti comerán la salvación.

Cuando despertó en la mañana, había cinco cuadros abstractos terminados, y con un sentido de logro los colocó en el escaparate de la galería. Para las cinco de la tarde se habían vendido.

Por una semana todo estuvo tranquilo. Afuera los pájaros cantaban en los árboles, la gente caminaba a sus trabajos, se detenían a ver los cuadros y colchas recientes de David y de los aprendices. En el taller se hacían reuniones dos veces por semana en las que Ronaldo Ocampo, Eduardo Kim y Rita Deford discutían sus proyectos con estudiantes e invitados especiales. La vida en Palo Alto, Stanford y sus alrededores parecía estar en paz: la población relativamente feliz y ocupada en sus tareas cotidianas. El centro de Palo Alto amanecía como todas las "all- American cities" del país.

A pesar de las quejas y las amenazas, David continuaba pintando sus cuadros abstractos sobre diferentes escenas cotidianas de la vida de la Virgen después del nacimiento de su hijo Jesús. Las escenas que pintaba trataban tanto la vida privada como la pública.

Una mañana, David bajó a la galería con dos cuadros nuevos. Los colocó, como siempre, en el escaparate, pero esta vez resuelto a que nadie le iba a prohibir su producción artística y sobre todo el cultivar su relación con la Virgen. Esa mañana, al salir, besó cariñosamente a Melisa mientras contaba el dinero del negocio antes de abrir las puertas de la galería. David notó que, además del vendedor de periódicos y revistas y otros negociantes locales, había poca gente en la calle. Terminó de arreglar los cuadros y fue a la oficina con Melisa para preparar un café. Al revolver el azúcar en el café negro, David se concentró en el sonido de la cuchara contra la taza. Mirando a su alrededor, se quedó pensativo cuando, de repente, un estruendo interrumpió la paz de la mañana.

Afuera una muchedumbre cargaba carteles que denunciaban a David por su profanación de la Virgen de Guadalupe. La multitud se formó enfrente de la galería y no permitía a los peatones pasar por allí o entrar a ella. Melisa llamó a la policía, pero ésta no llegaba. La protesta aumentaba en volumen y en participantes. Los negociantes vecinos llamaban a David para quejarse del disturbio. Melisa llamó de nuevo a la policía, pero ésta aún no respondía. La muchedumbre empezó a empujar las puertas para forzar su entrada al local. Empezaron a pegarle a los vidrios con imágenes enmascaradas de la Virgen y con crucifijos de madera, plata y oro. La gente rezaba y le cantaba alabanzas a la Virgen.

Jamás en la historia de la ciudad de Palo Alto se había reunido un grupo tan representativo de las poblaciones del área. Entre ellos se veían hombres, mujeres y niños. Vestidos en trajes profesionales, con saco y corbata; mujeres vestidas de gala lujosa; campesinos, obreros, estudiantes y enfermeras; todos acusando a David de injuriador, de haber pecado, insultado, degradado y profanado a la Santa Virgen.

David los observaba a todos, pegados contra el cristal del escaparate. El peso y la presión eran tales que ni la Virgen misma podría aguantar. Como un útero repleto de humanidad, se quebró la ventana. La santa humanidad cayó sobre los cuadros abstractos que David había colocado allí esa mañana. Ver una docena de hombres y mujeres caer ridículamente enredados entre vidrios rotos del escaparate le causó a David una risa vengativa. Melisa llamó a la policía de nuevo. Le gritó a la operadora: "They're breaking windows and they are going to kill us!" Afuera se oían las sirenas. Por fin, se aproximaban las patrullas.

David trataba de proteger los cuadros que la masa humana ferozmente destrozaba ante él. Se les echó encima sin considerar los tumores que le salían del cuerpo. La gente respondió a cada golpe que lanzaba David con otros más precisos que le rompían los tumores de hueso sobre su cuerpo. David cayó sangrando con un dolor intenso. La gente, al ver al artista revolcarse en el piso, empezó a patearlo rabiosamente. David gritaba, pero nadie cesaba. Melisa se libró de unos hombres que la sujetaban y se tiró sobre David.

En ese instante, al ver la cara de la mujer que tanto quería al lado de la suya, y a pesar de los muchos puñetazos y patadas que le llovían, sintió una fuerza sobrenatural que lo hizo ponerse de pie y gritar con una voz del cielo:

—¡Que se chingue la Virgen de Guadalupe!—.

Con ese grito feroz, los manifestantes cesaron sus acciones y se veían uno al otro. Cayó un pesado silencio interrogativo que sólo fue interrumpido por la llegada de una gran cantidad de policías de la ciudad y de la universidad.

Esa noche la vida y la historia de David "La Penca" era de nuevo un asunto internacional. De California a Nueva York, de Canadá a México, David, su enfermedad, su gran talento como acolchador y pintor, su sacrilegio contra la Virgen de Guadalupe y Dios, y su cara tumorosa se vieron en la televisión. A su lado se encontraba "La amante bella y brillante del monstruo." Así fue la descripción de Melisa que le dieron los locutores de la radio y la televisión y los periódicos la repitieron y la confirmaron en tinta negra.

La noche del ataque, con los cristales rotos, se quedó la galería abierta a todo mundo. Los curiosos y demás interesados venían a ver el lugar donde vivía el fenómeno que creía tener relaciones sexuales con la Virgen de Guadalupe. Los coches pasaban lentamente, los peatones silenciosamente se detenían ante la galería; por un momento miraban hacia el interior oscuro de un lugar desarmonizado por seres religiosos que protegían a la Virgen. Una patrulla pasaba lentamente urgiendo a los observadores a seguir caminando hacia su destino en las tinieblas de la noche. Algunos, al pasar, dirigían la mirada hacia arriba, donde radicaba el pecador o, para otros, donde vivía el artista.

En contraste con la oscuridad de la planta baja, en el primer piso imperaba una luz brillante e intensa. Allí David tiraba pinturas de distintos matices sobre cuatro imágenes de la Virgen de Guadalupe. Después se desnudó y se acostó sobre ellas. Extendió el cuerpo tratando de tocar todas las imágenes a la vez. Se torcía y, con cada parte del cuerpo, levantaba la pintura que gradualmente cubría las imágenes de la Virgen Guadalupe. Pasaron las horas y David, exhausto, escuchó una voz, y vio una faz que apareció en la luz blanca de la habitación. La tranquila cara femenina se acercó y abrió el vestido para exponer los pechos repletos de nutrición dulce y blanca. De nuevo la Virgen se le ofrecía a David, quien no vaciló ni un instante en abrazarla y amarla. En esa luz clara, pura e hiriente, reposaron los amantes.

En su coche estacionado enfrente de la galería, un policía observaba a un grupo que había velado y rezado toda la noche. En la acera habían sido amontonados los vidrios, muebles rotos y montones de escombros para que fueran levantados la siguiente mañana por los trabajadores de la ciudad. En la tranquilidad natural del amanecer vigilaba el policía, quien de vez en cuando les echaba la luz a los religiosos cuando se arrimaban a la galería. Vio un movimiento en el interior del edificio. Salió del coche, lámpara en mano, y apuntó la luz al fondo. Miró hacia arriba, a la luz brillante del primer piso. Un ruido le hizo mirar otra vez hacia la oscuridad en la galería. Esperó un momento mirando, mientras algunos del grupo de religiosos que vigilaban se colocaba a su lado para mirar aparecer de la profunda oscuridad a un ser que no era ni humano ni bestia, luchando por cargar cuatro lienzos grandes. Ellos pudieron distinguir que eran cuatro pinturas abstractas, sin duda, pensaban los observadores, pintadas sobre la imagen de la Virgen.

—Es él— repitieron los testigos.

Con la cara rayada de sangre—parecía sangre—y el cuerpo cubierto de distintos colores, se enfrentó David a la luz invasora de la lámpara del policía. Levantó la mano para defenderse de ella. Se agachó para ver el cielo que esclarecía con la luz de la aurora. Sin darle los buenos días a nadie, colocó los cuatro cuadros en el escaparate de la galería ante el policía y el grupo de feligreses que se quedaron con la boca abierta al ver ese fenómeno gracioso y terrible. Con los ojos y una sonrisa deforme causada por un nuevo tumor que le había brotado debajo del labio superior, David desafió a algunos hurgoneros que lo insultaban. Fue a la oficina y volvió unos instantes después con unas etiquetas que anunciaban el precio de cinco mil dólares por cada pintura. Las prendió debajo de cada cuadro. Por un largo rato nadie se movió, ni una palabra se pronunció, hasta que David levantó una escoba y empezó a barrer su galería.

Melisa y Craig llegaron un poquito antes de las ocho de la mañana e inmediatamente se pusieron a recoger trozos de pinturas, a levantar los dos escritorios y unas cuantas sillas que no habían sido rotas. Ronaldo Ocampo, Eduardo Kim y Rita Dilford vinieron juntos en una van cargada de caballetes y una docena de sus pinturas.

"We are proud to hang our paintings in this gallery", declaró Rita. Los tres estudiantes se pusieron a organizar la galería y a colocar sus cuadros. Afuera, el policía había mandado pedir más agentes para mantener a los contrincantes que se amontonaban a una pequeña distancia de la galería y de su dueño. Los religiosos le gritaban a David:

—¡Lúcifer!
—¡Pecador!
"Devil worshiper!"
—¡Brujo!

Pero David y sus amigos ignoraban a los manifestantes, aun a los que lo apoyaban.

"We love you."
—Dios te quiere, hijo.
"Come and pray with us for your salvation."
Y empezaron a rezar en voz alta.

—¡Dónde está La Penca! Where's my man La Penca?— Gritaba Denny al pasar por el umbral de la galería. Fue directamente a los cuadros en el escaparate. Los estudió unos cinco minutos.

"I want these two for my La Penca collection."

Denny hizo dos llamadas y, en media hora, un equipo de carpinteros empezaron a reconstruir estantes y ventanas. Para las tres de la tarde se habían instalado escaparates nuevos con vidrios a prueba de balas.

Para esa noche, treinta y seis horas después del ataque contra David y sus pinturas, la galería estaba llena de representantes de diferentes organizaciones que protegían los derechos de libertad de expresión y que declaraban su apoyo para David como artista.

Todo lo contrario, afuera se reunían muchos que se oponían a David y criticaban su arte como una blasfemia contra las creencias católicas de la comunidad latina. Acusaban a David de ser un individuo soberbio que se burlaba de los valores y tradiciones del pueblo latino.

Para las siete se organizó una recepción en honor de David y su lucha contra los censores. En plena función llegaron Gloria y la señora Dierdock. David y su madre se abrazaron. Se separaron a un rincón de la oficina y su madre lo regañó.

—No te aguantas, muchacho. Debías tener vergüenza por lo que haces con la Virgencita.

David contestó solamente con una ligera sonrisa. Gloria tomó a su hijo entre sus brazos y le susurró, —No importa, hijo. Te querré siempre. Tu haz lo que debes hacer para ser feliz contigo mismo.

Hubo una pausa en que los instaron a volver a la fiesta. En eso Gloria le dijo:

—Mira, muchacho revoltoso, te traje más de cuarenta de mis mejores colchas. Debes de alcolchar de nuevo—.

Gloria besó a su hijo y volvió al lado de la señora Dierdock.

La fiesta continuó hasta las dos o tres de la mañana. Hacia la una David se había retirado. Se veía agotadísimo. Esa noche no pintó, durmió profundamente abrazado a la Virgen de Guadalupe.

David no despertó hasta las diez de la mañana. Melisa y Craig habían abierto la galería y se preparaban para el día que empezó con muchas llamadas. Eran tantas que Melisa le pidió a Craig que llamara a los estudiantes para que vinieran cuanto antes para ayudar con el teléfono. Algunos llamaban para criticar a David y condenarlo. Otros pedían la dirección y preguntaban cómo llegar al estudio. La mayoría defendían a David y declaraban su apoyo al concepto de la libertad de expresión. A las once llamó Denny para decirle a Melisa que no hallaba uno de los cuadros que había comprado el día anterior. O estaba en la galería, o alguien se lo había robado cuando empacaban el camión.

"If it's lost or stolen don't worry, we'll... uh, David will replace it."

David rehusó hablar con los que llamaban. Tuvo invitaciones para entrevistas en la radio y la televisión, y los periodistas hacían cola para entrar a la galería. La gente quería ver al artista monstruo, pero él no quería ver a nadie. Esa mañana se subió al coche y arrancó hacia el bosque para contemplar la naturaleza y meditar con su Santa Madre Amada.

Mientras tanto, en un callejón en el barrio de East Palo Alto, donde la población latina vivía cómoda y tranquilamente, un chico que paseaba en su bicicleta atropelló un cuerpo reclinado contra un basurero que estaba enfrente de la puerta de un garaje convertido en apartamento. El joven se espantó con la fachada torcida, los múltiples colores brillosos que cubrían las manos y la ropa del bulto. A grito abierto corrió a la primera casa que vio.

La policía y dos ambulancias llegaron en menos de quince minutos. La policía revisó el callejón y no encontró nada extraordinario. Los asistentes médicos le administraron atención al hombre, pero después de unos diez minutos lo declararon muerto.

—¿Qué le pasó a este cuate?— Preguntó un policía.

Uno de los técnicos médicos que tomaba apuntes en un cuaderno acerca de la condición del difunto le contestó:

—No sé. Mira como tiene la cara. Está estirada, alargada. Y esta pintura, los colores pegajosos. ¡Qué raro! ¡Qué raro! ¿Verdad?"

La conmoción había atraído a una cantidad de vecinos. Miraban el cuerpo y empezaron a indagar de dónde venía la pintura. Uno buscó en el basurero.

—Ey, ¡de esto se embarró, de pintura! Gritó el joven y brincó adentro del basurero y levantó un cuadro grande de múltiples colores. Uno de los policías tomó el cuadro y se dirigió hacia el teniente encargado de la investigación que en ese momento estaba examinando al cadáver. El policía se acercó emocionado por lo que había encontrado y, de repente, se tropezó; él y el cuadro cayeron sobre el cadáver.

Los espectadores aplaudieron y se rieron del pobre oficial que se levantó con una mancha sobre el pecho que parecía un arco iris. Esto causó más aplausos y carcajadas, pero nadie se daba cuenta de lo que ocurría debajo del lienzo. Hasta que una mujer grito.

—¡El muerto se estira!

Todos se fijaron en el cuerpo, y el difunto empezó a patalear y a empujar el cuadro a un lado. El cuadro, que ahora tenía la imagen de la Virgen de Guadalupe, fue a dar contra la pared del garaje. Al verlo, la gente empezó a rezar, algunos lloraron, otros se hincaron. Un hombre salió a la calle gritando:

—¡Un milagro, un milagro, la Virgen revivió a un muerto!

"He was dead! El viejo was dead!". Insistió uno de los técnicos. Confusos por los acontecimientos, la policía y los técnicos se miraron.

—No tenía señales de vida. ¡Estaba helado! ¡Estaba muerto! En unos momentos llegaron más policías. El previo difunto protestaba pidiendo que lo dejaran ir a su casa. Les dijo a todos, a la policía, a los técnicos, a los vecinos y a los forasteros—¡Váyanse al diablo. Déjenme en paz y denme mi Virgencita! ¡Cabrones, sinvergüenzas!— el hombre gritaba.

Pero ya por las calles del barrio corría la noticia del milagro. La gente se apoderó de la imagen de la Virgen y le construyeron un altar. En menos de una hora el callejón estaba lleno de flores que los peregrinos dejaban ante la figura. Las autoridades tuvieron que cerrar el callejón y convencieron al ex-difunto de que fuera al hospital. En la tarde vino Denny e identificó el cuadro rodeado de velas y flores como el suyo, el que había desaparecido la noche anterior. Denny no lo reclamó, sino que lo donó al pueblo creyente. Al retirarse, Denny oyó a varias personas hablar del "Callejón de la Virgen," y vio cada vez más creyentes caminar, vela en mano, hacia el callejón. Filas de cientos de feligreses, unos a pie y otros de rodillas, pasaban frente a la imagen milagrosa. Entre ellos iban reporteros y camarógrafos. Denny miraba apasionado y susurró—Pinchi Penca, ¿qué has hecho con tu arte milagroso?

David luchó contra un embotellamiento que lo hizo llegar más de dos horas tarde a la galería. En medio del tráfico se dio cuenta de lo que sucedía, y al oír su nombre en la radio, le dio miedo que alguien lo reconociera. Estacionó su coche a dos cuadras de la galería y, a escondidas, llegó a la puerta de atrás. Enfrente Melisa, Craig, los estudiantes y Denny vigilaban. David subió lentamente a su estudio y le llamó a Melisa para que no se preocupara.

"Melisa, I'm here. I'm fine. I'm with my Loved One. I'm going to work. Go home," y colgó.

Durante días los reportajes en la televisión repetían las imágenes de la resurrección del muerto y la pintura de la Virgen que le devolvió la vida. Los reporteros describían el cuadro, y cada descripción era diferente. Era como si la Virgen misma cambiara de postura, de expresión. Como si todas las descripciones de la pintura de David, el pintor que firmaba La Penca, fueran diferentes. Todos los días, cada individuo que iba al altar para ver a la Virgen, veía algo distinto. La imagen de la Virgen disfrazada por la pin-

Pequeña nación

tura se revelaba como una figura personal, individual para cada persona. La Virgen se comunicaba directa y personalmente con sus criaturas.

Al separarse del altar algunos querían hablar inmediatamente de lo que habían visto, vivido y sentido; del mensaje que habían entendido. Algunos veían a la Virgen extendiendo los brazos, como queriendo abrazarlos, unos decían que la Virgen les sonreía y que los hacía sentirse sanos y en paz. Esas personas se retiraban del altar con la faz limpia y radiante.

Curiosamente, otros individuos huían de la imagen de la Virgen. Algunos gritaban que eran pecadores, que la Virgen los había condenado. Unos se tiraban a rezar por su salvación, otros corrían aterrados por el castigo que aparentemente veían en el cuadro. Un hombre declaró que lo que vio en el cuadro era tan horrible que no podía repetirlo. El hombre dijo que la Virgen le permitió ver esa escena como una señal del apocalipsis.

Los reporteros perseguían a los que habían tenido un encuentro con la Virgen. Ninguno de los creyentes quiso describir en detalle lo que vio en la imagen. Pero, al fin, convencieron a una mujer que se había desmayado por lo que percibió en el cuadro. A esa mujer le prometieron una cantidad de dinero para que revelara su experiencia, para que explicara los dibujos que había descifrado. Al principio rehusó filmar su testimonio, pero le ofrecieron más dinero y al fin, permitió que la filmaran en presencia de un sacerdote.

—Todo el mundo sabe que soy una mujer decente, dedicada a la iglesia y a mi familia. Todos los buenos sacerdotes y monjas que sirven en la parroquia me conocen. No sé por qué me escogió la Virgen de Guadalupe a mí para revelar esos actos feos y cochinos que me demostró y que ahora, a través de mi lengua, labios y boca Ella quiere que le comunique a todo el mundo. A mí me gusta hacer el amor como a cualquier otra mujer, me gusta sentir la carne de mis amantes contra mi cuerpo y dentro de él, gozo de sobarles las caderas y tener en mis manos sus órganos erguidos y llenos de amor. Es mi dulce deber abrirles mi boca para recibir sus besos tiernos y sus jugos humanos y sagrados de amor. Nos unimos en el nombre de Dios, su espíritu sagrado se transfigura en la imagen, en el cuerpo de los hombres necios que buscan amarme a mí y a él. Soy yo quien los hace ver, soy la Virgen de

Guadalupe sagrada, a quien el humilde artista cobijó una noche con su cálida imaginación y con un arco iris de color.

Cuando la mujer cesó de hablar, David apagó la televisión. Se quedó desnudo, enteramente cubierto de pintura, y empezó a revolcarse sobre las imágenes que recién había pintado de la Virgen de Guadalupe. Por la mañana colocó las pinturas afuera del estudio para que Melisa y Craig las acomodaran en el escaparate.

Esas pinturas se vendían en cuanto se exhibían al público. Los coleccionistas llamaban y reservaban uno o dos cuadros. Ahora no sólo venían de todas partes de los Estados Unidos, sino de todo el mundo. Y, costaran lo que costaran, entre cinco y veinte mil dólares, la gente los compraba.

La fama y fortuna de David "La Penca" lo forzó a hacerse una especie de ermitaño, un recluso que pasaba su vida metido en el primer piso produciendo pinturas abstractas que disfrazaban la imagen calurosa de la Virgen de Guadalupe.

David no podía salir del estudio porque, al verlo, inmediatamente lo rodeaban y se esforzaban por tocarlo. Entrar y salir de la galería también se hizo difícil para Melisa, Craig y los estudiantes. Melisa contrató a una agencia de guardias profesionales para proteger a David y a sus asociados. La fama y la reputación de David crecía con sus pinturas y con el tiempo. Melisa, Craig y Denny se dedicaron a ayudarle a continuar cultivando su arte. Denny le compró un terreno contiguo a la universidad de Stanford y construyó una casa enorme adonde David de vez en cuando iba a descansar. Allí recibía a su mamá, que continuaba viviendo de sus colchas, allí entrevistaba artistas dispuestos a dedicar su vida a trabajar, si no con él, en su taller que ahora era administrado por Rita Deford, Eduardo Kim y Ronaldo Ocampo.

A través de los meses se desarolló un debate sobre los derechos y responsabilidades del artista. En el centro de este discurso estaba David, quien mantenía silencio, pero seguía pintando. También decidió seguir los consejos de su madre y acolchar de nuevo. Mientras tanto, en Stanford y en las universidades alrededor de la galería, se discutía el caso del artista deformado que había profanado a la imagen materna más sagrada del panteón católico mexicano, la Virgen de Guadalupe.

Pequeña nación

Acusaron a David de ser ateo y de haberse vendido a los anglos que administraban los mercados de arte en Nueva York. La Penca, declaraban algunos críticos, como cualquier otro artista chicano o chicana, había sido comprado por las galerías y críticos que controlaban el mercado de arte nacional e internacional.

Asimismo, había otros que defendían a David y sus derechos artísticos. Opinaban que él podía y debía expresarse como le diera la gana, y precisamente eso fue lo que él decidió hacer.

Antes, las pinturas abstractas habían cubierto completamente la imagen de la Virgen. Ahora David bajaba de su estudio con cuadros en los cuales se veía una parte de la mujer que era la Virgen. Estas pinturas incitaron más a los que se oponían al arte de David. MEChA, una organización de estudiantes activistas de Stanford, discutía el asunto tan apasionadamente que el grupo se dividió y llegó el momento en que las dos partes se fueron a los golpes.

La pelea ocurrió en una fiesta en la Casa Zapata, un dormitorio donde vivían varios de los mechistas. Los muchachos se agarraron enfrente de la casa. Se golpeaban brutalmente unos a otros cuando, de repente, se oyó un sonido parecido al que se hace al partir una sandía. Un segundo después empezó el griterío y el pánico. Se dieron cuenta de que un joven estudiante tenía clavado un crucifijo de fierro y madera en un lado de la cabeza. Alguien lo había lanzado hacia el barullo y fue a enterrarse en la sien de aquel desgraciado cardenal que pataleó allí por última vez para luego quedarse quieto para siempre.

Horas después del recogimiento del cadáver se armó una manifestación que marchó de donde había caído el crucificado hasta las puertas de la galería de David. De nuevo la policía se enfrentó con los manifestantes y se vio obligada a proteger, no solamente la galería, sino también los negocios vecinos.

David oyó la muchedumbre y se asomó por la ventana de su estudio. Suspiró y volvió con su Amada. Era de noche. Se revolcó sobre la Virgen que le daba de mamar de sus pechos sagrados, inspirándole fuerza para terminar cinco cuadros abstractos con la figura de la Virgen asomándose desde ellos.

El debate siguió en la comunidad latina. Se intensificó y también involucró a la comunidad anglo-americana. Por primera vez, la comunidad se vio unificada, es decir, todos reaccionaban ante los cuadros abstractos de David: o estaban a favor o en contra. Aunque sus tumores eran cada vez más grandes y más dolorosos,

David continuó pintando, vendiendo y gozando, aunque a veces se quejaba de no poder salir solo a consecuencia de su fama y riqueza...

Hasta aquí llega la historia de David "La Penca", pero aquí no termina. Una noche, prendí la televisión y quedé pasmada, asustada de la imagen de David en medio de la galería, rodeado por sus famosas pinturas y siendo entrevistado por Barbara Walters.
"Why do you paint abstract designs over the Virgen of Guadalupe? In some of your paintings the Virgen is engaged in controversial acts. Why do you do this?"
David, con la cara y el cuerpo cruelmente deformados, contestó calmadamente, "I paint because my Loved One, La Virgen de Guadalupe, commands it. She is my Goddess. She is my salvation. I must obey her commands. Nobody can or will take Her gift away form me. She loves me and I love Her. I have dedicated my life and my art to La Virgen de Guadalupe and no one can deny this sacred relationship..."

Ya muy tarde en la noche, mi madre terminó la historia de La Penca. Esa noche no regresé a mi domicilio, sino que me quedé allí en la casa de mi madre. Dormí en la sala, bajo un cuadro de la Virgen de Guadalupe en el que nunca me había fijado. Por primera vez descubrí la finura de la obra. Me acerqué para gozar del rostro sublime de la Mujer Sagrada y me di cuenta de que el angelito debajo de los pies de Ella tenía la cara y el cuerpo lleno de cuernos y en la frente llevaba escrito el nombre de *La Penca*.

Santa Ana 1997

Pequeña nación

Alejandro Morales

Pequeña Nación

The only thing we can do is build our own little nation. We know that we have complete control in our community. It's like we're making our stand and we're able to express ourselves this way. We're all brothers and nobody fucks with us... We take pride in our own little nation and if any intruders enter, we get panicked because we feel our community is being threatened. The only way is with violence.

Cholo from Ontario

Criminality in this country is a class issue. Many of those warehoused in overcrowded prisons can be properly called "criminals of want, those who've been deprived of the basic necessities of life and therefore forced into so-called criminal acts to survive. Many of them just don't have the means to buy their "justice."

Luis J. Rodríguez

Pequeña nación

El Pueblo de Nuestra Señora la Reina de Los Angeles fue fundado por mestizos, mulatos, indios y un albino francés al lado del Río Porciúncula en el año de 1781. Después de unos meses de luchar por sobrevivir en el naciente pueblo, sólo quedaron unos cuantos fundadores originales. De éstos brotaba un deseo de quedarse y hacer crecer el pequeño pueblo. Ellos no abandonarían la tierra que el gobierno de México les había otorgado como recompensa por el viaje largo y peligroso que habían arriesgado. Estos pioneros se quedarían. Nada ni nadie los forzaría a dejar esta tierra.

Allí en el Pueblo de Nuestra Señora de Los Angeles trabajaron, se juntaron con mujeres y tuvieron hijos. Allí en el Pueblo de Nuestra Señora de Los Angeles vivieron, murieron y fueron sepultados. De cada ser querido que enterraron en la tierra crecieron raíces por las cuales se regaban los campos, las milpas, los animales, los corazones y se producía la comida que mantenía a los vivos. El amor y la labor les daban el derecho de declarar que esa tierra era suya, y por ella estaban dispuestos a morir defendiéndola. Nunca abandonaron ni huyeron de los terrenos que componían el pueblo de Nuestra Señora de Los Angeles.

Antes de 1822, los que murieron en el pueblo de Los Angeles fueron sepultados en el cementerio de la Misión San Gabriel. El primer camposanto en la ciudad de Los Angeles fue situado al lado norte de la iglesia de la plaza. Fue utilizado en 1820, y por veinte años sirvió a la vecindad. Para el año de 1840, un grupo de residentes fue al ayuntamiento de Los Angeles y presentó una petición declarando que el camposanto en Los Angeles era completamente inadecuado para la actual población y que ponía en peligro la salud de la comunidad. No se podía excavar una fosa para un querido difunto, sin ofender a los vecinos. Es decir, que el camposanto estaba tan repleto de enterrados que, al meter la pala o el pico en la tierra, uno daba con el craneo, la pierna o el brazo de otros cadáveres que en paz descansaban. A veces, cuando se movía un recién sepultado para enterrar a otro, a aquél apenas lo recubrían con una cobijada de tierra que en un día, especialmente cuando hacía calor, el olor del muerto se hacía olfatear por gran parte del pueblo de Nuestra Señora de Los Angeles.

Las circunstancias para el descanso de los muertos no parecían mejorarse. Tal fue la situación que la gente de luto empezó a sepultar a los muertos en lugares que los penitentes tomaron y establecieron como camposanto de la familia. Las familias ofrecían después del velorio en casa una gran celebración, o sea, reconocimiento, en honor del muerto con comida, bebidas y testimonios. Amanecían al día siguiente, algunos con una cruda que sólo se curaba con la ponzoña que les permitía aguantar el dolor de perder al ser querido, que les permitía llevar al difunto a la fosa preparada de antemano por parientes y vecinos. Unos seleccionaban sitios en el campo, lejos de poblaciones, otros en las lomas, en medio de huertas de árboles o al lado de un arroyo. Cuando moría un individuo sin familia, los amigos y vecinos seleccionaban un lugar particular para enterrar a estas personas del pueblo. Un lugar favorito era al lado de un camino solitario o una carretera, para que continuara, si querría el alma del muerto, seguir el camino en busca de su familia perdida. A veces los enterraban junto a enormes rocas, al pie de una loma, o un precipicio, o en el codo del río.

En una loma al suroeste de Montebello había un enorme alcanforero que se veía de muy lejos. Durante el día, los niños pasaban al lado del árbol magistral y repetían la historia del caso de un indio que rehusó abandonar las tierras que rodeaban el alcanforero. El indio, después de que le mataron a su esposa y a sus cinco hijos por resistir a las autoridades, después de que quemaron la casa, mataron los animales y tumbaron la milpa, fue al alcanforero y allí cobijado por las ramas del árbol se sentó a mirar lo que tanto había amado y trabajado para mejorar. El indio quería la tierra y no iba a abandonar las almas de su esposa y sus niños. Los blancos y los mexicanos quemaron los cuerpos de su familia y tiraron los huesos y cenizas en el rancho del alcanforero. A ese árbol el indio se apegó y de allí cuidaba, hablaba y visitaba a su familia en la ultratumba. Con ellos se unió y se convirtió en alma en pena vagando por la tierra en busca de alguien que los enterrara juntos y los bendijera como una familia católica. El indio colocó la espalda, presionó la espina dorsal contra el tronco del árbol y no se movió de allí. La gente del pueblo pasaba por el alcanforero y veía al indio sentado, contemplando su rancho. Nadie se le acercaba, nadie iba a ofrecerle agua, a consolarlo a ver

Pequeña nación

cómo seguía. El indio, sin mover un músculo, miraba hacia donde estaba su rancho y hacia donde el viento revolcaba las cenizas de sus amados. Los vecinos pasaban por allí, pero no hacían nada por él.

Eran incapaces de romper el espacio de la mirada construida por la ignorancia, el miedo y el rencor. Con el tiempo vieron que, poco a poco, el indio se hundía en el árbol. Sucedía que el árbol abrazaba al indio. Arbol e indio se hacían uno. Los dos contemplaban el desmoronar de la casa y los huesos, los dos sentían el viento llevarse el polvo de la vida de los queridos. Una noche, el indio desapareció. Fue como si el árbol se lo hubiera tragado entero. Al contemplar el tronco, la gente declaraba que se podía ver la cara del indio a través del árbol. Aparecía en el tronco bajo, en el tronco alto, en las ramas, en las hojas, en las raíces y por debajo y sobre la tierra.

Durante el día la gente pasaba muy cuidadosamente por el árbol, no se acercaba, los niños siempre guardaban una distancia y cualquier ráfaga de viento súbito o ruido repentino los hacía correr gritando:

—¡El indio! ¡El indio!—

Por la noche, decían que el indio salía del árbol o debajo de la tierra para trabajar en su rancho. Algunos extranjeros reportaron que habían llegado a una ranchería trabajada por una familia india. Decían que habían llegado por la noche, cansados, con hambre, y que el indio y su familia los recibieron con comida y un lugar para reposar los huesos molidos por el viaje. Pero al amanecer, los forasteros despertaban para encontrarse, no en las camas cómodas de la noche anterior, sino en un lecho de cenizas ardientes que les empezaba a quemar la ropa interior y a algunos les quemaba la piel. Algunos de estos forasteros perdieron la cordura, otros se alejaron lo antes posible del alcanforero que les llamaba, que les rogaba acercarse, que deseaba abrazarlos para la despedida. Sucedió que por la noche nadie se acercaba al alcanforero y de día siempre guardaban una distancia segura.

Por falta de espacio en el camposanto, la gente continuaba sepultando a los muertos en lugares que ellos declaraban como panteón familiar o lugar sagrado para enterrar a un ser querido. Nunca pedían el permiso de los sacerdotes, ni menos de la iglesia. Actuaban independientemente. Sin embargo, el sacerdote, al darse cuenta de que uno de los feligreses estaba enfermo gravemente, iba a la casa a aconsejar a la familia y a insistir en que el moribundo recibiera los sacramentos indicados. Así los sacerdotes organizaron a los devotos para insistir en la consagración de un terreno designado como camposanto católico. El obispo Mora le anunció al ayuntamiento de la ciudad que "dándose cuenta del crecimiento de la ciudad de Nuestra Señora de Los Angeles, considerando las condiciones sanitarias generales, y con deseo de cumplir con las necesidades de una congregación grande" él había determinado consagrar unos cincuenta y dos acres de tierra en las afueras del este de Los Angeles, situados en Boyle Heights, como cementerio. El obispo Mora y una congregación de sacerdotes y feligreses propusieron ese plan al ayuntamiento y fue aprobado por la Junta de Salubridad. Pero debido a las presiones de la poderosa Asociación Protectora Americana, el Obispo Mora hizo una decisión ejecutiva y cambió la propiedad en Boyle Heights por otra más afuera de la ciudad. La Asociación Protectora Americana protestó, porque no quería que los restos del cementerio viejo fueran transferidos cerca de las vecindades lujosas de Boyle Heights y también indicó que un cementerio en donde se sepultaban católicos mexicanos, católicos no blancos, tendía a disminuir la reputación y el valor de las propiedades en Boyle Heights y de las residencias lujosas cercanas. Por esa razón, y también porque más de la mitad de los socios de la Asociación Protectora Americana eran mujeres cuyos esposos daban contribuciones generosas a la cofradía del Obispo Mora, éste decidió cambiar el sitio del cementerio. Así, el Obispo Mora estableció el nuevo cementerio del Calvario más allá de los límites de la ciudad, situado sobre la calle Whittier en el Este de Los Angeles, en donde Micaela Clemencia, maestra y recopiladora de la historia local, repasaba en su mente la historia del cementerio mientras oía al sacerdote lamentar y orar por una niña de siete años asesinada por pandilleros que habían disparado desde un coche.

Dos mil vecinos pasaron por el ataúd. Dos días antes, durante y después del velorio, los residentes del Este de Los Angeles llevaron flores, comida y donaciones para la familia de la inocente. La gente estaba molesta, harta de las matanzas en las calles, de las víctimas inocentes que diariamente caían por las balas que resultaban repentinamente de un segundo a otro para terminar una vida. La gente estaba desilusionada, enfadada, furiosa con la poli-

Pequeña nación

cía, que parecía no hacer nada después del asesinato de un niño, un joven, un mexicano. Los vecinos sentían que no había nada de protección policial, que no hacían el esfuerzo por aprehender a los asesinos, por traerlos a la justicia y hacerlos pagar con cadena perpetua o con la pena de muerte.

Micaela opinaba que la policía, los Sheriffs del condado de Los Angeles, estaba allí para cuidar que los latinos no salieran del área, para asegurar la entrada y la libre circulación del alcohol y de las drogas, para mantener una alta cifra de actividades criminales para justificar sus puestos, sus trabajos como investigadores, patrulleros y guardias en las prisiones del condado de Los Angeles. Se sabía que el sindicato de policías y guardias había contratado la agencia más grande de especialistas de influencia para proteger sus intereses en el gobierno estatal y nacional. La policía y los otros cuerpos anti-criminales eran necesidades mantenidas y justificadas por el crecimiento del crimen. Esta situación no era exclusiva a las colonias latinas, porque también la misma teoría clementina se aplicaba a los barrios asiáticos y afroamericanos.

Micaela miraba a su alrededor, esa mañana dominical, primaveral, el sol rápidamente calentaba el asfalto de las calles interiores del Cementerio del Calvario. Algunos vecinos le saludaban, otros le deseaban los buenos días. En realidad, todos la reconocían por sus actividades, sus esfuerzos por organizar la vecindad en contra del plan de tomar ciento cincuenta acres localizados en el corazón del Este de Los Angeles, para construir un nuevo estadio para dos equipos: uno de fútbol americano y otro de soccer. "Los Angeles Latino population loves soccer. They'll be willing to sell their land," había declarado públicamente el alcalde de Los Angeles, acompañado por dos supervisores latinos del condado. Esta no era la primera vez que el condado o la ciudad había tomado las propiedades y casas de los mexicanos y declararlas inhabitables usando el derecho de "Eminent Domain" para construir un estadio. El caso de Chávez Ravine todavía está en los recuerdos de los mexicanos.

★ ★ ★ ★ ★

Micaela Clemencia era maestra de la escuela primaria Santa Teresa de Jesús en el Este de Los Angeles. Había recibido su entrenamiento primero en Irlanda con las monjas benedictinas en el convento de Kylemor, situado en los bosques verdes en el oeste de Irlanda. Había estudiado filosofía, teología, literatura, historia, lenguas, matemáticas y ciencias. Después de cuatro años con las monjas benedictinas, y bajo la decisión de su tutora, Sor Mary Benita Gibbons, volvió a los Estados Unidos para estudiar en Loyola Marymount en Los Angeles, no lejos de donde nació. Micaela Clemencia estudió con Sor Catarina Triger, una monja quien profesaba la teología de la liberación, que se desarrolló de comunidades de base que están organizadas sobre tres conceptos. "El Ver," que requiere reconocer la realidad en el mundo alrededor del alma o las almas en crisis. "El Analizar," que requiere hacer un análisis para averiguar las causas de la crisis y proponer un plan para resolver este estado condicional. "El Actuar," que requiere entrar en acción para ejercer el plan de resolución, así como Jesucristo actuaría para lograr cambios beneficioso para la salvación del alma o almas. Sor Catarina era gran admiradora de Louize Michel (1830-1905), escritora y educadora francesa.

Tenía muy pocos recuerdos de sus padres. Sólo recordaba que su papá trabajaba conduciendo camiones grandes, trocas de dieciocho ruedas, que conducía de California a Arizona, Utah, Oklahoma, Colorado, Nuevo México, Nevada y Oregón, y volvía por el valle central de California para llegar otra vez a la ciudad de Montebello, donde vivían en la calle Date. Micaela se acordaba que varias veces su papá la llevó a ella y a su madre en esos viajes largos que duraban semanas, cargando y descargando por todo el suroeste de los Estados Unidos. Sabía que eran trocas grandes, porque su papá a menudo las estacionaba enfrente de la casa antes de reportarse en la oficina central de la compañía de transporte, para la cual él trabajaba, situada en la calle Vail. La imagen de su papá, bajándose de un troque rojo, y de ella, despegándose del pecho de su madre para correr a los brazos abiertos de su padre, jamás la olvidaría. Gonzalo y Natividad Clemencia, los padres de Micaela, fueron sepultados en el cementerio Calvario. Gonzalo Clemencia trabajaba para Pacific Intermountain Express.

Micaela caminaba hasta su coche y recordaba a Sor Mary Benita Gibbons acercarse después de la escuela en una tarde primaveral para decirle que sus padres no llegarían. Micaela estaba en el segundo grado cuando Sor Mary le dijo, "I'm sorry but your parents are not coming for you today." Sor Mary tomó a

Pequeña nación

Micaela de la mano y la encaminó a la rectoría, la residencia de los sacerdotes y las monjas. Sor Mary le sirvió un refresco y se sentó con la niña para explicarle que sus padres nunca iban a poder venir por ella. ¿Cómo explicarle a una niña que sus padres murieron en un accidente automovilístico? pensaba Sor Mary cuando, en esos momentos en que preparaba su estrategia, entraron dos policías y una mujer vestida en un traje azul. La mujer se veía exageradamente profesional. Los tres desconocidos se sentaron alrededor de ella y escucharon a Sor Mary decirle que había ocurrido un accidente, los policías y la señora estaban allí para llevársela. Sin embargo, Sor Mary había intervenido y logró que la corte le permitiera cuidar a Micaela en la rectoría.

Sucedió que el destino de Micaela era el de ser huérfana a los siete años y vivir con las monjas en la rectoría de San Benito en Montebello, California. Con el tiempo, todo el mundo se dio cuenta de la tragedia que había sufrido la niña. Los feligreses de la parroquia decidieron que la niña tenía suerte que las monjas se encargaron de ella. Aunque había varios matrimonios que propusieron adoptarla, matrimonios ricos y pobres que la querían como hija, Sor Mary se opuso rotundamente y Micaela vivió bajo el tutelaje de Sor Mary y las otras monjas benedictinas. No obstante, los parroquianos concluyeron que, porque Micaela era una estudiante destacada, debería continuar su buena suerte. Así que establecieron un fondo para la educación futura de la niña. Las familias que la querían como hija, a menudo la invitaban para quedarse con ellos a pasar los fines de semana gozando de la piscina y comiendo filete mignon a la parrilla. Las familias pobres que vivían en el barrio de Simons en el suroeste de la ciudad y en el barrio del Jardín en el sur de la ciudad, también la invitaban a pasar los sábados y domingos gozando de las bodas de los vecinos, de las quinceañeras y de comer carnitas asadas. Estas familias ricas y pobres contribuyeron de buena gana a la educación de Micaela.

★ ★ ★ ★ ★

Cuando Micaela Clemencia cumplió los quince años ya era una señorita prodigiosa y más madura de lo normal para su edad. Micaela crecía alta y delgada, de cabello grueso, suave y lacio. Su frente era alta y ancha. Tenía unos ojos cafés alargados, orientales, tristes, nariz puntiaguda, delicada, de ventanas anchas, el surco desde la nariz hasta la comisura de la boca era extendido, los labios delgados pocas veces sonreían. Pero cuando se reía el sol emanaba de los dientes y la sonrisa iluminaba los alrededores de la cara de Micaela. La sonrisa la transformaba en una señorita de un semblante acogedor.

Sor Mary se sentó con Micaela para revelarle el futuro y darle unos obsequios que le habían dejado sus padres. En medio del campo recreo de la escuela San Benito las dos platicaban durante una tarde semejante a la que hacía unos ocho años Sor Mary le dijo a Micaela lo que le pasó a sus padres.

"Your parents loved you very much. They were smart people who planned for your future. What I will say and give you today is their legacy to you." Sor Mary le tomó las manos a Micaela y continuó.

"Your father, a truck driver, through the advice of the owner of the trucking company that employed him, bought a series of stocks before you were born. He purchased major stocks: Mobil, General Electric, Merck, Microsoft, Intel and Exxon. All of these stocks have grown to a substantial amount of money. Today the stocks are in your name and in mine as your legal guardian. At first the church denied me the right to be your legal guardian, but I threatened to leave the Order and they eventually relinquished their opposition. The stocks will revert completely to you on your 21st. birthday. Until then I serve as executor of your estate. Also, there is the matter of the church fund established for you by the people who love you. That money has also grown to a good amount.

You probably don't understand what all this means, but you must know that your parents loved and provided for you. You are very lucky to have had parents with such remarkable foresight. Not many working class people think like your parents. I wish more Mexicans would think like them. I learned from a parishioner that your mother worked as a domestic worker, cleaning houses. Nothing to be ashamed about, Micaela. You should be proud of people who work. And your parents were hard workers, builders always building something good for you." Sor Mary pasó la mano a través del cabello de la niña.

"I am proud of my parents, Sister Mary."

"Know you are, dear. That's why I am going to give you this."
Sor Mary abrió un sobre del cual sacó unas fotos.

"I have saved these for you. For the right time, which God has told me is now."

Sor Mary le entregó un manojo de fotos.

"I know that you do not have photos of your parents. I'm sorry that these photos were taken after your parents' death, at the wake and the funeral."

"I don't remember my parents' faces."

"These photos were used as evidence against the drunk driver who ran the red light going sixty miles per hour." dijo Sor Mary.

Micaela contemplaba las fotografías.

"I struggle to save the memory of my mother and father's face. Thank you, with these I can remember their faces and their bodies moving. But I don't remember the wake or the funeral."

"Hundreds and hundreds of people came. You stood by me. You never cried. Have you ever cried for your parents, Micaela?"

"I don't remember crying for anything. Is that bad, Sister?"

"Only if you hold back tears, my dear. It isn't healthy to hold back tears. You will only drown in your silent sorrow. Please, Micaela, don't let that happen to you." Sor Mary le entregó más fotos que la policía había sacado para identificar y describir las lesiones que acoplaban los cuerpos de los padres de Micaela. Al darse cuenta de lo que mostraban, las tomó y se las puso contra el corazón.

"I'm sorry, Micaela. But I felt that I should give you these photos, including these. I'm sorry. Please forgive me!" Sor Mary lloraba. Micaela la abrazó y le aseguró que, con ver estas imágenes, podía seguir adelante. Que sus padres siempre estaban con ella y ahora más que nunca.

"Thank you, Micaela. You are kind and appreciative. God has blessed you with many gifts. There is one in particular that I must tell you about, and I hope that you will accept it."

"Your gifts are wonderful, Sister. Coming from you they must be God's will."

"I'm glad you feel that, my dear. This gift I have not consulted with you about. It represents the only wish and request I have of you. You are fifteen years of age and soon you must think about going away to study at a university. My wish is that you go study for several years with the Benedictine nuns at Kylemore Abbey before you enter an American university.

"Sister, that's where you studied to become a teacher! I want to go, yes, I will go!" Micaela, entusiasmada, había oído mucho de Kylemore. Pero no sabía dónde estaba localizado.

"Kylemore Abbey is in Ireland, Micaela, in Connemara County, Ireland. Upon your return, Micaela, all that I have described will be yours free and clear for you to attend whatever university you select. All this will help you do God's good work."

★ ★ ★ ★ ★

Una semana después del funeral de la niña que había muerto a manos de los pandilleros, Micaela llegó a la casa cansada y con un hambre feroz. Esa mañana había tenido tanta prisa que no desayunó y las citas que tenía ese día con los padres se habían alargado hasta después de la hora del almuerzo, así que no había comido más que una media dona y dos tazas de café. Al abrir la hielera, vio que no había nada que se le antojara. Salió de la casa y se dirigió a la tienda de Don Costa que estaba a una cuadra de su casa.

Micaela caminaba rápidamente porque quería pasar las casas de Doña Felícitas o Doña Paca. Sabía que, al verla pasar, la detendrían para platicar de las reumas, de sus esposos y de cómo era la vecindad en el pasado. Micaela sabía las últimas palabras de las conversaciones de las dos respetadas ancianas. Tenía muy en mente esas palabras al caminar enfrente de la casa de Doña Felícitas. Casi corría para salvarse de las largas conversaciones con las dos mujeres.

—¿Sabes lo que necesitan los jóvenes hoy en día?

—Cómo no, Paca, unos cinturones en las nalgas.

Micaela quería estar fuera del alcance de las dos ancianas. Ellas sabían de todo lo que pasaba en la vecindad. Sabían quién estaba embarazada, a quién habían echado de la casa, quiénes estaban peleados, quiénes eran los ricos y los pobres, quiénes sabían leer, quién tenía parientes ilegales en la casa. Sabían, no porque eran chismosas, sino porque a los vecinos les gustaba hablar y prácticamente confesarse con ellas.

Las dos vecinas eran viudas que, después de la muerte de sus esposos, fueron a la escuela para aprender contabilidad y cómo

Pequeña nación

preparar los impuestos federales y estatales. De eso vivían. Ellas trabajaban como los escribanos de antaño escribiendo cartas, llenando documentos oficiales para los vecinos que no sabían leer ni escribir.

En sus casas tenían el equipo que necesitaban para guardar la información que acumulaban a través de los años. Tenían computadoras, impresoras, copiadoras, faxes y muchos teléfonos. Estaban conectadas a la red internacional de computadoras y en particular a las bibliotecas de las universidades cercanas. Era impresionante lo que habían metido en sus casas. Las dos mujeres construyeron un puente que más bien era un piso grande que usaban como biblioteca para conectar sus casas.

Varias veces Micaela había estado en la casa. La habían invitado para tomar un té, a ellas no les gustaba el café. Después de dos o tres horas de discurso sobre las nuevas leyes de impuestos que podían afectar a los residentes de la vecindad, o por qué los rosales crecían más altos y con colores intensos en ciertas propiedades y en otras no, salía Micaela, cansada y algo mareada por el constante palabreo de las mujeres.

Ahora que pasaba la casa de Doña Paca no quería ser capturada por estas dos mujeres que Micaela consideraba inteligentísimas, pero a la vez excéntricas.

Ya con la casa de Doña Paca detrás de ella, Micaela se tranquilizaba y disminuía la rapidez de sus pasos cuando, de repente, las vio adelante corriendo hacia ella.

—¿Qué les pasa?

—¡Micaela, hay un escándalo! En la tienda de Don Costa.— dijo Felícitas.

—Voy por las cámaras. Felícitas, tú por las grabadoras— anunció Paca.

Las dos dejaron a Micaela sola ante la multitud de luces rojas, amarillas, blancas y azules. En unos diez minutos, el tiempo que caminó despacio de donde las dos ancianas la dejaron hasta delante de la puerta de la tienda de Don Costa, habían llegado tantos policías como había luces en los veinte o más coches negros y blancos del sheriff del Condado de Los Angeles. Estacionaban los carros a media calle, charlaban entre sí como si lo ocurrido no les importaba, como si sólo hubieran cumplido con un requisito. Algunos, dándose cuenta que había más de cincuenta policías, subieron a sus coches y desaparecieron velozmente.

Otra vez han invadido nuestro barrio. Micaela contó treinta y cinco carros y siete trocas. Había más de setenta y cinco oficiales en la escena. Unos veinticinco investigaban un van estacionado al otro lado de la tienda de Don Costa. Otra vez la policía había entrado al barrio con un exagerado número de patrullas y oficiales. Como solían hacer, llegaron demasiado tarde. Cuando hay un asesinato en el barrio parecen ignorarlo o responden cuando la víctima yace tiesa y fría en donde cayó. Los oficiales se ponen ante la víctima y fingen que están preocupados, pero verdaderamente qué les importa otra muerte en el barrio. Con estos procedimientos inconsistentes sólo apoyan la actividad delincuente para justificar sus trabajos. Se hacen más interesados en la comunidad cuando los reporteros empiezan a entrevistar y sacar fotos y película de la escena del crimen. La policía y los periodistas se arreglan para enfatizar el escándalo y el elemento criminal que, según ellos, satura los barrios de Los Angeles. Logran crear una creciente desconfianza entre la gente del barrio y la policía y también aumentan la constante tensión entre las comunidades latinas, las autoridades policíacas y la gente de afuera. La gente del barrio tiene más y más desconfianza en las instituciones públicas.

Micaela se dio cuenta de que Doña Paca filmaba con una cámara de video mientras que Doña Felícitas extendía un micrófono y grababa la discusión de los investigadores. La policía parecía no darse cuenta de las ancianas y les permitían circular entre ellos libremente. Muchos de los sheriffs eran latinos quienes evidentemente evitaban a las ancianas.

Poco a poco, Micaela se acercó a las puertas abiertas al fondo del van. Adentro yacía una joven muchacha de unos quince o dieciséis años. La joven estaba desnuda, de espaldas, con piernas sin afeitar, anguladas, torcidas. Micaela vio que la muchacha tenía la cara azul, los labios hinchados, con un hilo de sangre en la nariz.

"The sons of bitches did her and strangled her! Where's the fuckin' lab, boys?"

"They're having trouble coming up the road."

"Move those units out of the way, dammit!"

Doña Paca observaba la escena por el ojo de la cámara y Felícitas escuchaba lo que decían los detectives por los audífonos de la grabadora. Micaela miraba a la muchacha horriblemente inmóvil, a los policías que no permitían cubrir el cadáver por temor de molestar la escena del crimen y a los otros oficiales que pasaban por las puertas abiertas a ver una y otra vez cómo dejaron a la pobre desgraciada, y ahora a los residentes, quienes se hacían bola aquí y allá, que murmuraban adivinando quién era la víctima.

De repente, una mujer joven con un grito histérico se tiró a los pies de uno de los detectives cuidando al cadáver.

—¡Cúbrala, por amor de Dios, póngale algo!—

"Fuck! Who brought her?"

"Sorry, Lieutenant. I tried to stop her. But she bolted from her car!"

"Those bastards will pay. I know who they are. I'll kill you, a todos los hijos de su chingada madre!"

"Get her out of here!"

Tres oficiales mujeres forzaron a la joven al coche y partieron con la sirena sonando. Quizá era una hermana, pensó Micaela.

Al alejarse el coche, Micaela se dio cuenta de que solamente había un periodista acompañado por un fotógrafo. En el firmamento había dos helicópteros noticieros de los canales mayores y un helicóptero del sheriff. En la mañana siguiente, no había ningún artículo en el periódico. Las matanzas en los barrios casi no merecían ser noticia. Eran tan comunes que los editores de los noticieros y de los periódicos no escogían el asesinato de otro pandillero, u otra víctima de la violencia caótica de las pandillas, para presentar en la televisión, ni para llenar los huecos en las últimas páginas del periódico. Las matanzas de los latinos en los barrios ya no se consideraban noticiosas.

Un pequeño reportaje sobre la muerte de la joven describió el asesinato como un acto de venganza de una pandilla contra otra. Mataron a la muchacha porque la pandilla de su novio había penetrado territorio ajeno para vender drogas. Las drogas son problema porque la policía permite que entren y que se vendan en nuestras comunidades. Las autoridades hablan por los dos lados de la boca declarando que están en una constante lucha contra los traficantes y, a la vez, dicen que la ley no les permite hacer nada hasta cuando los agarran en el acto. Saben quiénes son los que están envenenando a nuestros jóvenes, pero no los aprehenden, solamente los observan.

Micaela averiguó más y descubrió que este caso era otro de identidad equivocada. La joven que había muerto fue confundida con la amiga a quien visitó esa tarde. La amiga tenía varios hermanos miembros de la pandilla del barrio Geraghty. La muchacha a quien Micaela vio llorando, a quien se la llevaron, era la amiga de la difunta.

La víctima no pertenecía a ninguna pandilla, era muy estudiosa y quería mucho a su amiga desde que eran niñas. Las habían mirado juntas, decían los vecinos, no más porque estaban esperando en el jardín de enfrente de la casa del pandillero de quien se querían vengar, la secuestraron, la llevaron al estacionamiento del supermercado La Superior, la inyectaron y abusaron de ella unos cinco cholos. Cuando acabaron, la estrangularon y la dejaron en el van al otro lado de la tienda de Don Costa. Estos pandilleros sólo representan cuatro a siete por ciento de la juventud radicando en los barrios. Pero estos pocos brutos recibían toda la publicidad de los noticieros de la televisión y de los programas de radio. Nunca hablan de la mayoría de los jóvenes latinos que respetan las leyes, que están estudiando y trabajando para mejorarse a sí mismos para ayudarle a la familia y a la comunidad. A estos jóvenes no les prestaban absolutamente nada de atención.

Al charlar con los vecinos, Micaela se dio cuenta de que se sabía quiénes fueron los asesinos. Dos de ellos estaban entre los espectadores durante la investigación policial. Los vecinos sabían los nombres de los violadores, pero no los pronunciaron por temor de una represalia. Aun los padres de la muerta no pronunciaban los nombres. El papá de la víctima, un hombre estríctamente religioso, no hablaba de venganza sino de perdonar a los delincuentes.

—Yo sé quienes son los muchachos que mataron a m'ija. Dios los castigará y los perdonará. Esto ya pertenece a nuestro Señor— dijo el hombre hablando con Micaela.

—¿Cómo se llaman?— preguntó Micaela.

—No, señorita. Yo no busco la venganza.— El señor entró a su casa y cerró la puerta. Adentro se oían los llantos de su esposa.

Por un momento, parada en un instante de silencio, Micaela, frustrada, pensó que a ellos no les importaba que estos asesinos quedaran libres, vivos para gozar, mientras que la muchacha yacía quieta para siempre. No decían nada porque tenían miedo de que

Pequeña nación

si los identificaban con la policía, los pandilleros se vengarían de ellos. Y no importaba si eran jóvenes o viejos, adultos o niños, hombres o mujeres, pagarían el precio por cantar, por denunciar a los criminales.

Obsesionada por la muerte de la muchacha, por el temor de la comunidad, Micaela entró distraída a la casa de Paca y Felícitas como si fuera por primera vez. Los pisos de madera, las alfombras tiradas por aquí y por allá como si su organización no tuviera lógica. Los sofás y los sillones de piel, medio cubiertos por cobijas tejidas y cojines decorosos, unas lámparas antiguas y otras supertécnicas eran una mezcla de lo tradicional y lo moderno. Los objetos en la casa tenían utilidad práctica. Las paredes en la casa de Doña Paca estaban cubiertas de retratos fotográficos de la gente que vivía en el barrio. Paca había configurado una historia fotográfica del desarrollo físico y del crecimiento demográfico del barrio. Tenía fotos de las casas y las familias que las ocupaban. Sacaba fotos desde los recién nacidos hasta los moribundos, fotos de matrimonios, bautismos, quinceañeras, bodas, velorios y funerales. Paca tenía fotos de los triunfos y las derrotas, de los momentos felices y de los tristes. Las paredes de la casa estaban cubiertas de los rostros de la comunidad, que miraban a los que entraban.

—¡Sube, Micaela! ¡Estamos en la biblioteca!— Felícitas llamó.

Paca también había tomado las paredes de la casa de Felícitas. Siempre había lugar para nuevas fotos porque Paca regalaba las fotos a los individuos que había usado como sujetos. No había duda que la Paca era una mujer apasionada por captar y guardar la historia de la comunidad con la fotografía. Felícitas también era una persona obsesionada. Su pasión eran las computadoras. En varios cuartos de la casa tenía computadoras, compiadoras, impresores, scaners y faxes. Tenía una variedad de equipo telefónico y radios de onda corta.

Al subir la escalera a la biblioteca, Micaela vio fotos de Paca, Felícitas y sus esposos. En las fotos, el esposo de Paca siempre tenía una cámara. El esposo de Paca, Jesús Gaylen Saragoza, era uno de los primeros cinematógrafos mexicanos en Hollywood. Había recibido su entrenamiento en los estudios Churubusco y América en México y en los Estados Unidos. Había muchas fotos del esposo de Felícitas ante las computadoras o los radios. El esposo de Felícitas, Ramón Arom, era un ingeniero mexicano. Había estudiado en la Universidad del Sur de California, U.S.C., y fue uno de los primeros en trabajar en la producción de computadoras. Se dedicaba a sistemas de comunicación, especialmente la radio. En muchas fotos, las dos parejas estaban juntas frente a un paisaje o edificio extranjero. Parecía que habían viajado por el mundo entero. Los dos hombres eran guapos y muy sonrientes.

Micaela pasó a la biblioteca y encontró a Paca desarmando un detector de luz y a Felícitas leyendo.

—Quiero saber los nombres de los muchachos quienes violaron y mataron a esa muchacha.

Micaela de repente recordó que tenía hambre.

★ ★ ★ ★ ★

Regresaba de la procuraduría donde Micaela les dio los nombres y las fotos de los asesinos. Los detectives y los oficiales con quienes habló dijeron que tenían a esos delincuentes bajo vigilancia por casi un año. Sabían que ellos estaban presentes cuando murió la muchacha, pero que no podían arrestarlos por rumores. Tenían que tener la declaración de un testigo u otro tipo de indicaciones. Los policías admitían que los pandilleros a quienes había identificado Micaela eran los asesinos, pero que no podían y no iban a aprehenderlos.

—¿Para qué sirven ustedes? Saben quienes ellos son y los dejan libres para que maten otra vez. Con dejarlos libres tratan de controlar a la comunidad con el miedo. Ustedes no nos protegen, sólo nos mantienen acorralados, hundidos en el miedo. Ustedes son policías que producen y controlan con el miedo. Ustedes saben quiénes son estos matones, pero escogen no hacer nada. Pero cuando muere uno de los suyos, un policía, siempre encuentran al asesino. Si la víctima es una pobre mexicana, negra, asiática, homosexual, sólo lo anotan en sus libros de estadísticas como prueba de la incontrolable presencia pandillera en las vecindades de los pobres acorrelados.— Micaela les había dicho al salir de la estación.

A eso de las tres, enojada y tratando de figurar por qué la policía no actuaba contra los pandilleros asesinos, Micaela subía la colina hacia su casa cuando, por la tienda de Don Costa, bajo la

Pequeña nación

sombra de un enorme chabacano, estaban congregados los jóvenes quienes mataron y violaron a la inocente. Eran unos cinco jóvenes acompañados por dos niños.

Los dos niños, al ver a Micaela acercarse a ellos, inmediatamente tiraron los cigarrillos al suelo.

"Hey, that's a whole joint! You little shit!"

A una corta distancia de ellos, Micaela los reconoció. Eran dos estudiantes suyos. Una muchacha y un muchacho que siempre faltaban a la escuela. Ella había cavilado por qué no iban a la escuela. Les había llamado a los padres, pero el papá estaba en la cárcel y la madre tenía dos trabajos que la mantenía fuera de casa hasta las doce de la noche. La abuela de ochenta años cuidaba a los niños. No vivían en una casa sino en el Saddlehorse Hotel que había decaído en calidad y reputación. Estos niños vivían en una perpetua pobreza y siempre traumatizados por lo que veían a su alrededor. Sufrían de problemas emocionales, de hambre, y de no poder dormir. Cuando asistían a la escuela a menudo se quedaban dormidos en la clase y cuando Micaela los despertaba, se ponían furiosos.

Al verlos, Micaela les llamó: —¡Lunita, Edgar!— Ella pisó el cigarrillo de marihuana al momento en que los cholos se reían a carcajadas y comentaban:

"They're fucked up!"

—¡Locos, locos!—

Los dos niños se mostraban valientes ante la maestra, pero ésta les interrumpió la actuación de bravura.

—¡Los veo mañana en clase, o voy a buscarlos!— Micaela les avisó, dándose cuenta de que los niños no le prestaban atención. *Parece que éstos ya los hemos perdido*, pensó al voltear y enfrentarse con los cinco pandilleros asesinos.

"You shouldn't mess with those kids. Stay away from them. I know what you did to that girl!" Micaela declaró a los cinco cholos locos que ahora la rodeaban.

"Everybody knows that, esa"

"What's new!" Se rieron, burlándose de la maestra.

"Just stay away from my children!"

"We'll stay away if we want to stay away. This is our barrio and we rule. Ain´t that right, Javier?"

"You got that right, Celicio. We rule and nobody is going to do a fucking thing about it, little woman!"

"I'm sick of you, mocosos," dijo Micaela. "And I'm warning you now. I'm going to get you for murder!"
"You're a fucked up little lady. You better watch it or you're going to be a dead teacher." En voz baja le advirtió Celicio a Micaela y con un fuerte ademán de la mano mostró su disgusto. Prendió un cigarrillo y señaló a sus cinco compañeros ir a la tienda de Don Costa. Ninguno de los cholos volteó. Abandonaron a Micaela ignorada y sola. Los cinco cholos entraron a la tienda y salieron con paquetes llenos de cerveza. Tres subían la loma mientras que Celicio y dos homies se aproximaban a un Cadillac grande. Micaela observaba a Celicio dándoles cerveza a sus hermanos. Los muchachos se reían, platicaban, se tomaron la botella en un trago y alcanzaron otra que les ofrecía Celicio. Su estilo era el del loco clásico, pantalones enormes, una camiseta blanca sin mangas diferente de la de Celicio, que era una camisa cuadrada azul y blanco de mangas largas. Este estilo de vestir los marcaba en los ojos de todo el mundo como miembros de una pandilla y metidos en actividades criminales. Terminaron las cervezas y tiraron las latas en un bote de basura. Uno de los cholos se paró y caminó hacia donde estaba Micaela. Celicio y los otros homies se fueron en el Cadillac verde.

El cholo, quien pasaba murmurando cerca de Micaela, no se dio cuenta de ella. Las seis cervezas que había tragado en quince minutos le afectaban el cerebro. Se tropezó y se detuvo quieto. Con una mano agarró el cerco, mientras que el otro brazo y la otra mano le columpiaban sin peso como un péndulo. Con un esfuerzo hercúleo lanzó el cuerpo hacia arriba sobre el cerco para caer en un sendero cubierto de césped, un atajo al otro lado de la loma. La visión de Micaela tristemente perseguía el cuerpo que luchaba por empujarse a la cumbre, donde silenciosamente desapareció.

★ ★ ★ ★ ★

La Paca y Felícitas, cumpliendo con el pedido de Micaela, localizaron el coche de Celicio, un Cadillac grande, verde y completamente equipado, estacionado bajo una lona amarrada a un

Pequeña nación

lado de la casa y sostenida por dos postes en el zacate del jardín, enfrente de una casa ruinosa amarilla de madera, donde vivía con su abuela.

A eso de las dos de la tarde, Micaela volvió de la escuela e inmediatamente fue a la casa de Felícitas y Paca. Unos cuantos turistas curiosos e ignorantes se detuvieron frente a la casa y sacaban fotos. La casa de Felícitas y Paca fue incluida en un artículo publicado en la revista cultural del periódico Los Angeles Times. El artículo identificaba lugares escondidos en las vecindades de Los Angeles que tenían arquitectura, historia y dueños excéntricos. Con todos estos criterios cumplían las "Two lovely resident genius seniors who owned the connected houses." El periodista declaró "They keep adding to the structures, creating a kind of Medieval castle in the middle of East Los Angeles."

Felícitas y la Paca comentaban el artículo cuando entró Micaela a la cocina. Las tres mujeres se saludaron, tomaron un té sin pronunciar una palabra y salieron al garaje. Llenaron el troque con lo necesario y, a eso de las seis, bajaron hasta la Whittier Boulevard. Decidieron manejar hasta Montebello, a comer cocido y albóndigas en el restaurante El Rafael. Cenaron tranquilas sin ninguna prisa. A eso de las nueve, Paca pidió la cuenta. Condujeron lentamente al Este de Los Angeles y subieron por las calles curvosas de su querido barrio. Se detuvieron una manzana antes de su destino. Se miraron una a la otra. Estaban decididas, pero pasaron la casa una vez, se cercioraron que estaba el Cadillac. Ya para las once y media los habitantes habían apagado las luces.

—Yo tengo cerillos. Ponte los guantes, llévate la gasolina, Felícitas, dijo Micaela.

Las mujeres se aproximaron cuidadosamente al Cadillac verde de Celicio. Paca preparaba la cámara mientras que Felícitas bañaba el Cadillac de gasolina. Tiró un chorro de gasolina, alejándose del coche.

—¡Tírala!— dijo Felícitas.

Micaela encendió el cerillo y prendió el landyate Cadillac verde del notorio pandillero Celicio.

Al retirarse a la troca, Paca sacaba fotos del coche encendido. En segundos el fuego lo consumió. Felícitas tiró los guantes y el bote de gasolina entre las pencas de un nopal. Pasaron unos diez minutos cuando el vecino vino corriendo a la puerta de Celicio.

—¡Celicio, se quema tu coche!—

El vecino gritaba y golpeaba la puerta. En la distancia, se oían los bomberos. Pero el fuego no esperaba y empezó a consumir la lona conectada a la casa. Ya para cuando Celicio salió, cargando a su abuelita, la mitad de la casa se quemaba. Paca sacaba fotos mientras Micaela y Felícitas a una distancia veían la casa consumirse completamente por el fuego. Los vecinos miraban la conflagración tragarse la casita de antigua madera seca. La casa resistió unos veinte minutos y de repente se cayó hacia adentro. —¡Mi casa! ¡Mi casa!— Desde lo más profundo de su ser la abuela de Celicio gritaba.

Los vecinos trataban de calmar a la viejita. Para entonces los bomberos subieron y empezaron a alejar a los vecinos de los escombros ardientes, cuando de repente explotó el Cadillac, haciendo volar la puerta de la cajuela hacia los observadores.

La explosión provocó la risa de los espectadores. Al escuchar Celicio las carcajadas se confrontó con los vecinos.

—¿Quién quemó mi casa? ¡Me la van a pagar ahora! ¡Nadie chinga conmigo, cobardes! ¡Chinguen a su madre!—

Dos policías trataron de hablar con él. Pero Celicio reaccionó con golpear a uno. Sobre él cayeron cinco garrotazos y al ponerle las esposas, le dieron otros diez.

En una hora no quedaba nada de la casa más que la hielera, la estufa, el lavabo y el retrete blanco sentado en su lugar donde antes entre las dos pequeñas recámaras reinaba. Los bomberos tiraban agua sobre algunos montones de madera que todavía humeaban. Llegaron tarde escoltados por tres carros de policía y después se fueron de repente. Volviendo a sus casas y lidiando con sus niños, los vecinos comentaban cómo Dios sabía castigar.

Felícitas hizo arrancar el troque. Micaela saludaba a los niños y Paca, sentada atrás del pickup, sacaba fotos de la gente entrando en los jardines de sus pequeños edenes. Para la madrugada, el humo había permeado la vecindad. Esa mañana, cuando entró al aula, Micaela sintió que los niños la contemplaban de una manera diferente. Pero ella no tenía ningún remordimiento. Sonrió y empezó con la primera lección del día.

★ ★ ★ ★ ★

Pequeña nación

Una tarde crepusculina cubierta de nubes rojas, purpúreas, que se arrastraban de las entrañas de los cielos del Pacífico, Felícitas y Paca, en la casa de Micaela, hablaban con la vecina quien ahora cuidaba a la abuela de Celicio, mientras la abogada Rebecca Carter de Santa Ana, amiga de las doñas, trataba de arreglarle un préstamo para construir otra casa. Los bancos no querían prestarle dinero a la abuela porque lo único que tenía, además de sus seiscientos dólares mensuales de seguro social, para garantizar el préstamo, era el lote y la casa que se iba a construir pero "it's in a terrible neighborhood," había dicho el agente del banco.

Ya se había puesto oscuro cuando Micaela servía café y oyeron afuera un carro pasar, frenar violentamente y disparar cinco balas por la ventana, la puerta y una pared. Las mujeres se tiraron al piso cuando, poco después, se oyó un estruendo de metal como si un coche hubiera chocado con otro. Al instante, sin pensar, corrieron a la calle para huir de las balas. Lo que vieron las detuvo instantáneamente. Ante ellas presenciaron a un muchacho fuerte que brutalmente golpeaba a Edgar, niño de once años, estudiante de Micaela.

—¡Cabrón imbécil, you crashed!— gritaba Celicio tirando más puñetazos a la cabeza de Edgar.

Micaela espontáneamente se arrancó la blusa, la encordonó y la enrolló al cuello de Celicio ahorcando y tirándole hasta alejarlo del niño. Mientras las otras mujeres acompañadas por una docena más que oyeron el estallido y se dieron cuenta de lo que pasaba, empezaron a golpear a Celicio con escobas, trapeadores, rastrillos y palos que habían agarrado de la casa o del jardín. Celicio, al recibir los golpes, intentaba levantarse para sujetar a una de las mujeres que le pegaba, pero al acercarse, cayó sobre él una tormenta de golpes que lo tumbó de nuevo.

De repente Celicio dejó de luchar y se quedó quieto sobre la espalda mirando las caras y manos femeninas con herramientas domésticas preparadas para darle otra golpiza. El grupo había crecido a más de treinta mujeres que tenían a Celicio, al pandillero terrorista, violador y asesino, postrado y rodeado. Ellas sabían quién era, sabían de sus violaciones e intento de matar a Micaela o a algunas de las demás, o a todas, o a cualquiera que estuviera en esa casa esa noche.

Alejandro Morales

De los límites distantes del centro observaban los hombres de la vecindad. Los padres, los esposos, los abuelos y los hermanos, en ese instante, en ese silencio, se miraban uno al otro. Nadie se movía, sólo se escuchaban los quejidos de Edgar y Celicio.

Por fin, entró al círculo la mamá de Edgar. Dos vecinos fueron por ella y a fuerza la trajeron de la casa para que viera en qué se había metido su hijo. Al ver al niño, la madre gritó

—¡Llamen la ambulancia! ¡A la policía!—

—¡No, nadie llama a nadie! ¡Esto lo arreglamos nosotras!— respondió Micaela. —¿Qué va a hacer la policía? ¡Nada!

Ya para entonces la mamá de Edgar y tres vecinos lo subieron a un carro y lo llevaron al hospital.

—¡Qué nadie diga nada!— gritó una mujer.

—Micaela tiene razón, la policía no le hizo nada a Celicio y saben que es un asesino— dijo Felícitas.

Como acostumbraba, Paca sacaba fotos del grupo. Circulaba entre las mujeres organizadas en busca de justicia.

—¡Quítenle la ropa!—

—¡Desnúdenlo!—

—¡Encueren al violador!—

Desnudo, Celicio de repente se levantó y se tiró hacia las mujeres gritando bocadazos de insultos. Logró golpear a una, agarrar a otra de los cabellos y aventarla a la tierra. Sin saber de dónde vino, una pala filosa le partió el cráneo y lo desplomó sobre la mujer en agonía.

Celicio empezó a gritar cuando las mujeres lo detenían, mientras una mujer rápidamente le amarró apretadamente las cintas, con los zapatos, alrededor del pene y los testículos.

—Llévenselo y déjenlo en medio de un callejón de la Whittier. Allí lo encontrarán y sabrán qué hacer con él.—

Antes de que lo levantaran, una mujer le dijo:

—Si te vemos por aquí otra vez, te mataremos. Ahora, lárgate y dale gracias a Dios que no te violamos con una escoba y que no te matamos. ¡Así como hiciste con mi hija!—

Cinco mujeres levantaron a Celicio desnudo de la tierra. Lo pusieron de pie. La cara se le torcía de dolor. Los zapatos pesados le colgaban del pene y los testículos. Trató de quitárselos, pero las mujeres le sujetaron las manos. Sangrando lo envolvieron en una cobija y lo subieron en un van. Esa noche nueve mujeres dejaron a un cholo violador, asesino y desnudo, con los

Pequeña nación

zapatos amarrados del sexo, en medio de un callejón del Este de Los Angeles. Tres días después supieron que Celicio, desnudo, tratando de quitarse los zapatos, había corrido en medio de la Whittier Boulevard donde un troque de la mueblería Stone lo atropelló y lo arrastró por una cuadra. Celicio murió en el hospital del condado dos días después de que habían rezado el rosario para su abuelita quien tanto lo quería, quien hasta el último momento de su vida se refería a él como un buen muchachito.

Nadie fue a reclamar el cuerpo de Celicio, por lo tanto, su cadáver fue incinerado.

★ ★ ★ ★ ★

En los días que siguieron, como suele suceder después de una catástrofe, el barrio y el mundo de afuera aparecían tranquilos. Por unos días no hubo movimiento en las calles desequilibradas, secas y polvorosas, que antes controlaba Celicio. En el espacio en donde vivían él y su abuelita sólo quedaba una mancha cenicienta, gris, negra puntualizada con exclamaciones de palos quemados que marcaban las esquinas y límites de la casa. Reinaba también entre los habitantes un silencio, un callado serio, que circulaba en susurros, en conversaciones privadas, en gestos y miradas. Todos los días, los hombres, las mujeres, los niños y algunos forasteros pasaban y contemplaban, por un instante, por un minuto, por media hora, por horas, los escombros negros, brillosos, tumorosos y olorosos. Cuando quedaban satisfechos se alejaban, convencidos de que la comunidad había actuado con justicia.

Muy poco después, los sheriffs del Condado de Los Angeles empezaron a poner en peligro este consagrado silencio comunitario. Lentamente subían los carros policíacos. Se estacionaban y esperaban un habitante de la vecindad. La policía bajaba del coche y detenía a un sujeto para registrarlo e interrogarlo. Siempre terminaban con la misma pregunta

—¿Quién mató a Celicio?—

—La justicia del barrio— contestó Paca enfrente de su casa, interrogada cuando volvió de comprar una película en el Este de Los Angeles.

—¿Quién golpeó a Celicio?— preguntó el sheriff a la mujer que había cuidado a la abuela del fallecido.

—Una furia inteligente femenina — contestó la mujer apenas moviendo los labios.

—Deme nombres, señora . ¿Cómo podemos hacer nuestro trabajo si no nos ayuda?— El policía subió su voz, frustrado por las respuestas enigmáticas de los interrogados.

—¡Dígame quién fue, señora!—

—Fue una legión de Marías.— La mujer tomó unos pasos atrás para separarse de los policías.

Una mañana, los sheriffs detuvieron a un grupo de madres que acompañaban a sus niños a la escuela. Los policías se dirigieron a los niños.

¿Quién quemó la casa de Celicio?— Los niños se rieron y contestaron simultáneamente:

—Los niños que tanto queremos a nuestros padres.— Los niños corrieron, jugando entre sí.

Los sheriffs se quedaron sacudiendo la cabeza, vencidos por el muro de voces inocentes.

La policía hacía cada vez más esfuerzo por encontrar a los causantes de la muerte de Celicio, por encontrar al asesino o los asesinos de aquel cholo que aterrorizaba a la comunidad con impunidad. El pueblo se daba cuenta de esta obsesión oficial de sacar información y verdades de la gente. Sabían que no persiguieron al asesino de la jovencita violada y matada por Celicio. La vida y el cuerpo de esta muchacha no valía tanto como la vida y el cuerpo de Celicio, quien odiaban, que temían y quien abusaba y manipulaba por medio del terror. El cholo Celicio, quien con su pandilla era el padre de la violencia inesperada y de hijos ilegítimos, de las drogas, que eran la medicina mística con la que se robaba y se comía la mente y el libre albedrío de los niños del barrio. Celicio, quien con su reinado controlaba el barrio, hacía el trabajo de la policía. Celicio era un cómplice de la autoridad ajena, el guardián de la cultura dominante.

Los sheriffs continuaron persiguiendo al pueblo, pero ahora, en vez de una interrogación, intentaron crear una historia fotográfica del barrio. Decidieron, después de consultar con los abogados del condado, primero detener a los jóvenes, en particular a cualquier muchacho que pareciera ser miembro de una pandilla. Desde el comienzo, el procedimiento llegó a lo ridículo. Los muchachos, cuando veían acercarse a los policías, se paraban a esperarlos, se afinaban la camisa, aseguraban que los pantalones

Pequeña nación

enormes cayeran precisamente sobre la punta brillante de los zapatos. Es decir, que los muchachos se ponían chiclosos para las fotos que la policía les iba a sacar.

—¡Orale, pues! ¡Estoy listo, shoot!— gritaban los jóvenes al bajarse los oficiales. Estos los registraban y les preguntaban quién golpeó a Celicio. A lo que ellos contestaban:

—Los cholos locos de Geraghty—y sonreían, preparándose para la foto.

Este *modus operandi* siguió por casi dos meses cuando finalmente el barrio empezó a preguntar por qué detenían a los muchachos. A muchos jóvenes los habían parado más de dos veces. A otros que no tenían nada que ver con los cholos ni las pandillas, sino por sólo vivir en el barrio, los detenían, los registraban buscando armas y los fotografiaban. A menudo, por ser detenidos, llegaban tarde a su destino. A varios les causaron llegar tarde al trabajo.

Sucedió que a un muchacho la policía lo paró por tercera vez. El joven, enfadado por el agravio persistente de la policía, se rehusó a contestar las preguntas y a permitir que le sacaran una foto. Se puso a correr y, a sus perseguidores, les gritó, —!Si llego tarde otra vez pierdo mi trabajo!—

Pronunció la última palabra de su oración y sintió un golpe sobre la espalda. Cayó boca abajo, saboreó su propia sangre espesa y cálida y, sin saber cuándo ni por qué, se levantó y empezó a pegarles con puños pesados de temor e irritación. Los policías respondieron con una bola de golpes que molían al desgraciado joven. Sin embargo, tuvo suerte porque esta escena ocurrió enfrente de la casa de las doñas, Felícitas y Paca, y su amiga Micaela. Paca, al oír al muchacho, inmediatamente fue por su cámara y empezó a filmar la escena. Felícitas llamó a varias mujeres, quienes llamaron a otras mujeres, quienes llamaron a más mujeres de la comunidad y en quince minutos, unas cincuenta mujeres rodeaban a los dos policías que esposaron al muchacho que ya no resistía. Un policía abrió la puerta y el otro forzaba al aprehendido en el coche, pero Micaela se puso entre el joven y el coche y dijo:

—¡Déjenlo, tiene que llegar al trabajo! ¡No lo pueden detener sólo porque les da la gana!— En ese instante, quince mujeres tomaron poder corporal de los policías. Las mujeres le quitaron las esposas al joven y lo llevaron a bañarse, a curarse, a vestir y al trabajo. El destino de los policías fue la trayectoria inversa. Primero, los desarmaron, luego, los desvistieron; no los curaron ni los bañaron, sino desnudos los mandaron caminando, bajando hacia el Este de Los Angeles. Sacaron del carro la escopeta, el equipo de emergencia, la rueda de emergencia y arrancaron las luces armadas del techo del automóvil. Los policías desnudos fueron rescatados después de que habían atraído una bola de jóvenes que los seguían chiflándoles y dándoles piropos e invitaciones asquerosas. Unos cinco coches rescataron a los sheriffs, con cobijas en las que inmediatamente se envolvieron. Los subieron titiritando de furia y vergüenza por lo que les pasó.

Los reporteros de Los Angeles Times y La Opinión, y otros periódicos del condado, invadieron el barrio en la mañana para entrevistar a los residentes que presenciaron y participaron en desarmar y desnudar a los policías. Equipos fílmicos y/o de video de los canales siete, cuatro, dos y de los canales españoles y uno de México vinieron. Se paraban ante los jardines de las casas y llamaban a los señores de la casa.

—¿Qué vieron?
—¿Qué hicieron?
—¿Por qué?
Saltaban las preguntas.
Nadie confesaba su participación, nadie indicaba ni a unos ni a otros.

—Yo no hice nada. Sólo los vi tiritando de frío, pobrecitos, encueraditos y sin pistola.—

A eso de las once llegaron tres detectives, acompañados por nueve oficiales del sheriff. Estacionaron los carros frente a las casas de las doñas, donde también encontraron a Micaela, quien a menudo se quedaba con las doñas. Se llevaban tan bien que las doñas invitaron a Micaela a vivir con ellas. Aunque Micaela rehusó respetuosamente porque no quería abandonar su propia casa, todavía le dieron un cuarto contiguo a una de las bibliotecas en el segundo piso. Así que ese día los detectives y los reporteros se encontraron ante la casa de Felícitas, Paca y Micaela quienes, aunque no querían, preparaban una declaración para el barrio.

—¡Queremos hablar con ustedes!— gritaban los detectives enfrente de la casa.

—Por favor, Doña Felícitas, Doña Paca, salgan a conversar con nosotros,— suplicaba un detective.

Pequeña nación

Por un largo tiempo nadie salió. Mientras esperaban los detectives, gradualmente los vecinos se agrupaban alrededor de ellos. Primero llegaron unas veinticinco mujeres que se les arrimaron a los oficiales que cuidaban a los detectives. Estos miraban a su alrededor, veían que más y más gente se agregaba al grupo y se sentían menos seguros y se ponían más nerviosos con cada cuerpo sonriente que saludaba a los demás.

La policía esperó sin seguridad por más de dos horas pidiendo a las doñas salir de la casa para hablar, mientras que con los cuerpos los vecinos habían acorralado a cada oficial quien no podía tomar un paso sin rozar el pecho, la espalda, el hombro de otro humano. Los habitantes del barrio habían separado a los oficiales de sus coches y uno de otro. A eso de las tres de la tarde los detectives y los oficiales se dieron cuenta que estaban hundidos y atrapados en un mar de humanidad. Sus cuerpos giraban lentamente, sus ojos buscaban salida, los brazos los estiraban, las manos las abrían hacia los carros. Habían permitido que el remolino, principalmente de mujeres, niños y hombres que entraban de las afueras, se los tragara para dejarlos sin ningún poder físico.

Sintieron que les tiraban suavemente el cinturón, la faja de la pistola, las cintas de los zapatos, los botones de la camisa. Los oficiales empezaron a gritar a los detectives que estaban oprimidos contra el cerco esperando a las mujeres. Ellos oían los gritos de auxilio de sus colegas, pero no podían hacer nada para ayudarles.

Al momento que uno de los detectives volteó su cuerpo para ver la casa de las doñas, ellas abrieron la puerta. La sonriente Felícitas salió primero, mientras platicaba con Micaela que caminaba a su lado. Luego apareció Paca con varias cámaras colgadas del cuello y una en la mano. Sacaba fotos de la muchedumbre que se empujaba contra el cerco de la propiedad.

Las mujeres se detuvieron entre los escalones de la casa y la puerta del cerco donde uno de los detectives gritó:

—¡Déjennos entrar! Queremos hablar con ustedes. Por favor permitan pasar. No sé lo que quiera esta gente— suplicó el detective.

Paca le sacó varias fotos.

—¡Socorro! ¡Socorro!— se oyeron los gritos de algunos de los oficiales perdidos entre los cuerpos del barrio.

Micaela tomó unos cuantos pasos más. Le dio gusto ver a tantas mujeres, niños y hombres que habían respondido a su llamada.

—¡Yo no sé por qué vinieron los policías!— se dirigió a los vecinos. —¿Ustedes saben?—

—¡No!— contestaron más de trescientos individuos, la mayoría de ellos mujeres y niños.

—Pero sí tenemos un mensaje para ellos ¿verdad?— les dijo Micaela, fijándose en los tres detectives abrazados por mujeres que los protegían.

—Sepan ustedes que nosotras las mujeres, las abuelas, las esposas, las madres, las hijas, las novias, las niñas hemos tomado control de nuestro barrio. Y cualquier individuo que nos haga daño tendrá que tratar con nosotras. Nosotras las mujeres del barrio Geraghty nos dirigimos a los cholos y a las cholas, a cualquier pandillero que nos cause sufrimiento, que nos haga daño con la violencia, que nos aterrorice, cualquiera que venga con una pistola para amenazarnos, para matar a nuestros queridos hijos. Les aconsejamos a los adictos, a los que venden drogas, que no lo hagan en este barrio, porque si los encontramos les quitaremos todo lo que poseen y los echaremos fuera y, si vuelven a vender drogas, les costará muy caro. Les aconsejamos también a la policía que no vengan a ayudarnos, porque no necesitamos su ayuda, que no vengan a agraviarnos, que no vengan a registrar nuestras casas, que no vengan a arrestar a nuestros hijos, que no vengan a sacarnos fotos. No los queremos en nuestro barrio, porque de aquí en adelante nosotras declaramos que el barrio es nuestro y que nosotras vamos a proteger a nuestras familias y propiedad y seremos quienes decidiremos el castigo de los violadores de la paz de nuestras vidas. Esto lo hacemos con amor, con el amor de Dios y con el amor que nos tenemos entre nosotras y entre nosotros. No tenemos miedo de nadie y de nada porque nuestra arma contra los criminales y la violencia es el amor, y con el amor venceremos,— terminó Micaela. Cayó un silencio profundo, y de repente sonó una explosión de aplausos y vivas, y más aplausos y declaraciones de alegría y confianza que expresaban los vecinos. Por fin, Micaela levantó una mano.

—Ahora vuelvan a sus casas a vivir tranquilos sabiendo que sí cumpliremos.—

Pequeña nación

Micaela volteó, y con Felícitas entró en la casa. Paca se quedó con una cámara de video, haciendo películas del regreso de los centenares de vecinos que vinieron a apoyar a su barrio. Al desaparecer la gente, dejaron a nueve oficiales sheriffs completamente desnudos y a los tres detectives vestidos. Descubrieron que los vecinos habían desarmado los tres carros y les habían quitado las llantas a dos. Sólo dejaron uno que se podía manejar. Los nueve sherrifs desnudos se metieron como pudieron en el coche. Los detectives discutieron con ellos y arrancaron los asientos, menos el del que manejaba, y así pudieron meter a cinco desnudos en la cajuela de atrás. Fue un logro casi milagroso que los nueve desnudos y los tres detectives pudieran subirse en el coche. Algunos vecinos los vieron salir y con la mano les despidieron. Paca, con su cámara de video, filmó el circo que hicieron los sheriffs para lograr su escape.

Ese día dos empleados de Edison, que componían unos alambres que estaban en peligro de caerse de unos postes viejos, trabajaban en una calle cercana. Notaron que muchas mujeres caminaban solas o acompañadas por niños hacia la misma dirección. El mayor de los dos se coló con las mujeres y, al momento de aproximarse a la muchedumbre enfrente de la casa de las doñas, se abrió la muchedumbre para permitir a tres policías desnudos pasar corriendo, buscando los carros. El empleado de Edison de repente se acordó que llevaba en el bolsillo de su chamarra una cámara desechable. La noche anterior había sacado fotos de sus hijos gemelos que habían cumplido cinco años. Sacó veintidós fotos de los policías desnudos. Después del trabajo fue inmediatamente al periódico y les ofreció las fotos. Dos periodistas lo entrevistaron y fueron con él al lugar exacto donde habían desnudado a los sheriffs. Los periodistas intentaron entrevistar a los vecinos, pero ninguno cooperó con ellos y los mandaron fuera del barrio frustrados. Pero para el día siguiente, salieron en la primera plana del Herald Examiner las fotos de los policías subiéndose al coche. Los periodistas nombraron las calles y describieron en detalle la vecindad en dónde habían atacado y deshonrado a "some of Los Angeles County's best community servants". También en la televisión empezaron a pasar reportajes de los pandilleros del barrio en donde se había avergonzado a los sheriffs. "Is it not enough that the sheriffs and L.A. Police are there to protect and serve?" Y en otro declaró la locutora: "And the thanks they got was that they were attacked and stripped of their clothing and weapons."

Esa noche el periódico Daily News reportó que los sheriffs habían aprehendido a cinco pachucos de los barrios Geraghty y Hazard. Los pandilleros habían resistido y recibieron "a well deserved beating." Al día siguiente, después de ver y escuchar en el canal cinco entrevistas con cinco de los oficiales que sufrieron el despojamiento de su ropa, declararon: "We have been damaged for life. My identity was taken away by those damn cholos." Otro sheriff declaró que su esposa no aguantaba las burlas de los vecinos y los amigos. "My wife took the kids and left me! I'm the laughing stock of my friends and neighbors. Aren't we going to do something about this?" Gritó llorando el oficial. Esa noche se formaron unos grupos de jóvenes instigados por los hijos de algunos de los oficiales. Se organizaron en caravanas y, antes de salir en busca de los pachucos, declararon que "We're out to do what the police have failed to do! We're going to clean up these beaner gangs!" Un grupo de unos diez carros salió en busca de cholos. Al encontrar cualquier joven mexicano vestido con pantalones y camisas grandes, sueltos, y que llevaban los pantalones asegurados con un cinturón alrededor del pecho, los detenían, los golpeaban y los obligaban a quitarse la ropa.

Para el día siguiente, los sheriffs del condado y la policía de Los Angeles encontraron a veinticinco muchachos mexicanos desnudos en público y los arrestaron inmediatamente. La noche de ese día fue peor porque ahora se formaron como cuatro o cinco caravanas de jóvenes en busca de pachucos. Las caravanas cazadoras estaban compuestas de jóvenes anglo-americanos, mexicanos, negros y asiáticos de diferentes secundarias, colegios y universidades que participaron para atacar a los pandilleros, a los "beaner gang-bangers." La causa original de los sheriffs desnudos se les había olvidado. Y ahora empezaron a atacar a cualquier mexicano que parecía ser pandillero, o simplemente que llevaba pantalones o camisa grandes. Esa noche hubo pleitos por todas partes de la ciudad. Pero para el día siguiente, los únicos que se encontraron en las cárceles eran los mexicanos. Lo único que hizo la policía para tratar de calmar la situación fue anunciar: "Any Latino youths found on the streets after ten PM, or involved in the rioting, or suspected to be involved in the rioting, will be promptly arrested."

Pequeña nación

El hecho de que hasta ahora no había ningún ataque contra los jóvenes de las caravanas aparentemente no era factor en el análisis de la situación en los barrios.

La tercera noche fue la peor de todas. Esa noche las caravanas pararon a cualquier joven que parecía ser latino y procedían a golpearlo sádicamente y después lo desnudaban, lo dejaban tirado en la calle. Toda esa noche la comunidad latina protestaba. Centenares de madres fueron a las procuradurías y a las cárceles de East Los Angeles y Los Angeles en búsqueda de sus hijos e hijas. En las noticias de las diez y las once de la noche, primero el alcalde Bowron pedía calma y los jefes de policía advertían que iban a extender el toque de queda en los barrios por otra noche. Las entrevistas con el público seguían: "Most of the citizens of this city are delighted with what has been going on." Otra persona dijo que "All it takes to put a stop to these Mexican gang-bangers is more of the same action as is being done by our law abiding youth. The cops should learn a lesson from this!" Y terminaron con esta declaración de un latino viviendo en Baldwin Park "Cholos are scum. They should be eliminated entirely. They deserve to be stripped naked, and the cholas as well."

Durante esos días, Micaela y las doñas trataban de controlar y calmar a los líderes de las pandillas, de ayudar a los muchachos heridos y de localizar a los que fueron arrestados. Organizaron a las madres de la comunidad para mantener su casa tranquila y explicar a sus maridos la estrategia de la no violencia. Fue un gran logro, fue un milagro que no hubiera ningún muerto. Ningún joven mexicano ni ningún atacante murió.

—Por ahora terminó la violencia contra nosotras. Pero queremos que sepan que si la policía entra en nuestra vecindad para llevarse a nuestros hijos ha de sufrir el mismo castigo que les dimos a sus compañeros. Los echaremos fuera, desnudos, sin pistolas y sin carro. Repetimos que nosotras las mujeres hemos tomado nuestro barrio, y somos juez, jurado y verdugo de los nuestros que violan la ley. Y recuerden, cuídense a sí mismas.

Esa última declaración de Micaela con Doña Felícitas a un lado y Doña Paca sacando fotos, se transmitió por las noticias nacionales e internacionales. Pasaron días, semanas y meses. Con el tiempo se tranquilizó la situación, y también con el paso del tiempo Micaela y las doñas se dieron a conocer al público fuera del barrio. Los periodistas perseguían a Micaela, al salir de su casa, al pasar a la tienda, en el trabajo por la mañana, y al salir de la escuela en la tarde siempre había un fotógrafo, un periodista cerca. ¿Cuándo me van a dejar en paz? pensaba al caminar a la casa de las doñas. Mucha gente venía de todas partes del sur de California sólo para ver las casas unidas de Doña Felícitas y Doña Paca. Venían más mujeres que hombres.

La policía no entraba en el barrio Geraghty ni en Hazard. La persecución de Micaela fue tan intensa que llegó el día en que el director de la escuela en donde enseñaba la llamó a la oficina.

—Micaela, eres una maestra excelente, pero tenemos que sacarte del aula. Hay muchos padres que se quejan. Dicen que tú pones a los niños en peligro. Los periodistas que te persiguen interrumpen el proceso normal de la enseñanza. Lo siento, Micaela, pero te tienes que ir de esta escuela.

Sucedió que Micaela rehusó ir a la oficina central. Optó por dejar su trabajo. El director no aceptó su renuncia. Por los primeros tres meses le consiguió una ausencia médica con pago y después le otorgó una ausencia con permiso.

—¡No te quiero perder, Micaela! ¡No te quiero perder!— dijo el director al ver a Micaela cargar al carro sus últimos libros y el equipo que usaba en la clase y alejarse rumbo al barrio Geraghty.

* * * * *

—Micaela, ayúdame por la mañana por favor— le pidió desesperada la vecina Yesenia.

Micaela se quedó con la niña Rocío, quien tenía cinco años. Su mamá, Yesenia, había encontrado un trabajo ayudando a una anciana que vivía en Montebello. Cuidaba a la mujer desde las nueve hasta las cuatro, cuando volvía la hija del trabajo. Yesenia se levantaba a las seis de la mañana con la niña para dejarla con Micaela a las siete. Luego tomaba el camión bajándose en las avenidas Whittier y Montebello a las ocho y media, caminando media hora hacia las lomas de Montebello para llegar a la casa de la señora a las nueve en punto. La hija ya se había ido al trabajo pero el esposo, Gabriel, quien trabajaba en una gasolinera, estaba en casa hasta la una, cuando se iba a trabajar.

Micaela le había ayudado a Yesenia por dos semanas cuando un día Micaela llevó a la niña a la casa de las doñas. Al llegar a la puerta se oían unos niños jugando en la sala. Nadie contestó la puerta. Entraron Micaela y Rocío. Las dos, mujer y niña, se quedaron paradas en medio de la sala. Una niña estaba manipulando las manos de un reloj de cartón, un niño dibujaba y otro de siete años leía con Paca a su lado.

—Rocío, ven, siéntate aquí y escucha a Aurora leer.

Rocío se sentó al lado de Aurora, quien le leyó por más de una hora. Micaela, Paca y Felícitas se encontraron con cuatro niños cuyas madres no podían cuidarlos porque tenían que trabajar. Las personas con quienes contaban ellas para encargarse de los niños durante el día se habían enfermado. Dos madres fueron a la casa de las doñas para ayudar y la otra a la casa de Micaela. Fueron con ellas, en la esperanza que las doñas y doña Micaela no iban a fallar.

Afuera, empezó a llover fuerte. Micaela veía el agua acharcarse en el jardín grande enfrente de la casa. El agua corría rápidamente por la calle, bajando de arriba, del altiplano de las lomas. A veces, cuando era una lluvia fuerte, constante, traía piedras y lodo. De vez en cuando se derrumbaba una casa balanceada en las inclinaciones de las lomas del Este de Los Angeles. Hace unos años, la lluvia se vino a cortinazos durante unas tres horas. Tanta agua cayó del cielo que las laderas se empaparon y se vinieron abajo como un puré de chocolate, tumbando tres casas, una tras la otra. No hubo ninguna advertencia de que las casas estaban en peligro de resbalarse. De repente, se fueron abajo, donde quedaron columpiadas sobre otras residencias al fondo. Como veinte personas estaban en las casas involucradas en el desastre. Milagrosamente, sólo se murieron cuatro y un individuo desapareció en el fango de las lomas.

—No creo que vaya a llover tanto. Dijeron en la radio que para mañana se despeja— dijo Felícitas.

Micaela se dirigió a las dos doñas —Miren, qué bien aprenden estas niñas. Si pudiera, fundaría un lugar para que las niñas, las madres y las mujeres del barrio estudiaran y aprendieran.—

Mientras que la lluvia seguía afuera, las tres mujeres se concentraron en los cuatro niños que rodearon a Aurora quien les leía otro cuento de hadas.

★ ★ ★ ★

Una mañana, como una semana después de las lluvias, Renata salió de la casa, enojada con su mamá, que insistía que su hija tenía que obedecer a los maestros de la escuela intermedia. Renata le contestaba a su madre

—Yo no hago eso. Me da mucha vergüenza. Que me echen de la escuela. ¡Yo no lo hago!— le gritó Renata, corriendo para alcanzar el camión que la llevaba a la Belvedere Junior High School. De lunes a viernes, Renata pasaba por donde vivían las doñas y las saludaba cuando las veía.

Era un martes cuando entró al gimnasio para esperar a la maestra. La señora Glass insistía en que Renata se vistiera para hacer ejercicio. "Girls, get dressed like the other girls. This is your last chance. If you're not ready by the time we go out, I'll give you detention." La señora Glass se dirigía a un grupo de cuatro muchachas, incluyendo a Renata, que rehusaba vestirse para la clase de atletismo.

"Now get into the locker room and get ready!" la señora Glass ordenó con una voz fuerte.

Después de diez minutos, las otras muchachas salían a ponerse en filas antes de jugar al vólibol. La señora Glass y otras tres maestras salieron. Vieron a las cuatro que no estaban vestidas y fueron directamente a ellas, las agarraron del brazo y se las llevaron al interior de la oficina de la señora Glass. Su oficina estaba dentro de una especie de jaula, en donde guardaba las toallas para las duchas. Allí en la jaula estaba otra mujer que se encargaba de organizar y reparar el equipo del gimnasio.

Las muchachas que esperaban afuera empezaron a hacer ejercicio, dirigidas por ocho muchachas seleccionadas por la señora Glass. Estas ocho muchachas eran las capitanas de los ocho equipos que competían el uno contra el otro.

Pasaron unos quince minutos. Se oían unos gemidos de adentro de la jaula, pero pronto se callaron. De repente se abrieron las puertas de la jaula y la señora Glass salió y anunció:

"Girls who don't strip for gym will just have to go naked until they understand that they must cooperate."

Mientras la señora hablaba, salieron desnudas las cuatro muchachas que se habían negado a cambiarse de ropa. Renata estaba llorando descontroladamente al pasar enfrente de todas las muchachas que las veían en un silencio de infamia.

Pequeña nación

"We mustn't be ashamed of our bodies. Exercise and cleanliness are next to godliness. I will not have uncooperative girls in my class."

Luego la señora Glass volteó a ver las cuatro desnudas avergonzadas. Renata no podía detener el llanto cortado por intentos de respirar. Renata estaba segura que las muchachas que la miraban se reían de su cuerpo moreno, marcado por grandes lunares negros alrededor sus pechos nacientes, los muslos de las piernas y del trasero.

"I know that these girls will cooperate from now on. Isn't that right girls?"

Tres de las cuatro contestaron "Yes, Mrs. Glass!"

Renata no podía decir ni una palabra. Respiraba cortadamente.

"Renata you can wait naked in the locker room until class is over. Remember, if you want to graduate you're going to have to strip."

Cuando las muchachas estaban jugando al vólibol, la señora Glass fue con Renata. Le tiró la ropa a los pies y le dijo: "I have eighty-some girls out there willing to work with me. You can drop out for all I care! Get dressed and go to the counselor's office. You've flunked out of this class. And stop sniveling!"

Para Filomena Pantoja, la madre de Renata, la escuela, los maestros y los administradores eran casi sagrados. Ella siempre admiraba los edificios, la organización, la disciplina de los niños y lo que más la fascinaba eran los libros.

—Qué bonitos se ven los niños volviendo a casa después de la escuela con sus libros en mano.— les decía a las doñas y a Micaela.

En la biblioteca, las paredes están repletas de libros de diferentes colores y tamaños. Millones de palabras para que mi Renata las lea. Por eso cuando me dijo lo que pasó no lo pude creer. Pero Renata nunca ha mentido. No sabía qué hacer y así que vine con ustedes, la señorita Micaela, ella es maestra y sabrá qué hacer— dijo Filomena a las tres mujeres aterrorizadas por lo que acababan de escuchar.

Paca tenía a Renata abrazada en el sofá. La niña lloraba y decía que no quería volver a la escuela. Felícitas, Micaela y Filomena tomaban café y pan dulce en la mesa del comedor.

Hacia Santa Mónica, el sol bajaba, rasguñaba con su luz el cielo y dejaba un purpúreo color que estrellaba el fin del día y el principio de la noche. Las lomas verdes, los jardines cobijados de flores, las casas llenas de una luz cálida que invitaba a estar adentro del comedor tranquilo y feliz. En esa luz radicaba la esperanza, el amor, la paz del barrio.

Micaela caminó alrededor de la casa y estudió los lotes vacíos contiguos y las casas de atrás que estaban en malas condiciones, que necesitaban reparaciones, pero que tenían lotes grandes, y pensó en conseguirlos para fundar una escuela.

Habían pasado dos días, un fin de semana y un lunes. Durante este tiempo Micaela, las doñas y Filomena, acompañada por Renata, pensaban en los lotes y la posibilidad de organizar y construir un lugar, una escuela, un instituto para niñas y mujeres jóvenes para educarlas y protegerlas. Imaginaban un oasis de educación y tranquilidad, algo que todas las mujeres del barrio soñaban. Micaela, Felícitas, Paca y otras amigas calculaban los recursos necesarios para fundar un lugar femenino y poderoso — eso le explicaba Micaela a Rebecca Carter, una abogada de gran renombre y recursos quien escuchaba atentamente por teléfono en Santa Ana, California.

Eran las tres de la tarde de un martes cuando Micaela colgó el teléfono con la esperanza de que el sueño de un colegio privado para mujeres se pudiera realizar. Al comunicar el interés que expresó la licenciada Carter a las doñas, Filomena, Renata, Yesenia, Rocio, y a un grupo de mujeres interesadas estallaron en aplausos y vivas. Las mujeres corrieron a sus casas y volvieron con cervezas y botellas de vino para celebrar las buenas albricias.

★ ★ ★ ★ ★

Mientras que las mujeres planeaban el instituto femenino, estacionados ante la tienda de Don Costa estaban dos carros de pandillas distintas. Uno era de Geraghty y el otro de Hazard. Al llegar dos vatos de Geraghty entraron a la tienda para comprar unas cervezas. Los jóvenes de Hazard salieron cuanto antes, seguidos por los dos muchachos de Geraghty. Allí entre los carros, los dos de Geraghty cambiaron señales y después palabras con los cholos de Hazard. Estos inmediatamente subieron al carro e iniciaron su partida, cuando de la calle dos o tres dispararon hacia el carro enfrente de la tienda. Unas quince o veinte descargas de pistolas sonaron por la comunidad.

Pequeña nación

Al momento que éstos salieron, Jaramilla Espinoza, con sus dos hijas, Lidia de seis años y Catarina de diez, se estacionó en el espacio que habían dejado libre los jóvenes de Hazard. Unos segundos después Jaramilla sintió pasar un mosquito ardiendo por el pelo, vio estrellarse los vidrios del coche y, segundos después, oyó a Catarina llamar.

—¡Mamá, Lidia no tiene ojos!

Jaramilla volteó a ver a su niña de seis años profusamente sangrando de los ojos. Jaramilla se trepó sobre el asiento y fue al auxilio de la niña. La sacó del coche y, por un instante, vio que los pandilleros todavía disparaban hacia la tienda. Luego, dos carros huyeron de la escena. Para entonces Don Costa había llamado al 911. También Micaela y las mujeres que estaban celebrando vinieron corriendo para ayudarle a Jaramilla y a sus hijas. Don Costa y los vecinos preguntaban si alguien más había sido herido. Esa tarde los adultos tuvieron suerte, no así la niña Lidia, quien recibió dos balas una tras otra. La primera le pegó en el ojo derecho, el impacto de la bala le movió la cara tanto para que la segunda le diera en el ojo izquierdo. Los dos plomos le arrancaron la mitad del cráneo. La niña quedó boca arriba bañada en sangre y pegada al asiento.

Los gritos de Jaramilla no cesaban. Las condenaciones de los pandilleros no cesaban. Las mujeres no lograban separar a Jaramilla de la niña. A los treinta minutos, siete carros de sheriffs y dos ambulancias entraron en la escena como siempre acostumbraban. Empujaban a los vecinos quienes ayudaban a Jaramilla y a la niña. En ese momento, Mauricio, el esposo de Jaramilla, llegó. Al ver a su hija le gritó a la policía que no tocaran a la niña y abrazó a Jaramilla y a Catarina. La policía insistía en examinar a la niña. Los técnicos médicos querían atenderla, pero no podían quitársela a la familia. De repente, dos oficiales agarraron a Mauricio y lo separaron de su esposa. Finalmente, Jaramilla bajó a la niña a su regazo.

Muchos vecinos vieron los pedazos de cráneo y cuajarones de sangre que le cayeron de la cabeza. La madre se puso de pie, cubierta de sangre, gritaba y empezó a rasguñarse y tirarse el cabello. Micaela y Felícitas le detuvieron las manos y otras mujeres la envolvieron en una cobija y la sentaron en un banco a lado de la entrada de la tienda.

Por todo este tiempo, Paca sacaba fotos y tomaba video de las distintas escenas. Felícitas, Filomena, Yesenia y otras mujeres entrevistaban a los vecinos y coleccionaban información sobre el incidente. Por medio de sus interrogatorios, supieron los nombres de los pandilleros. Al saberse eso, cayó una calma sobre los vecinos. Ahora nada más observaban y escuchaban las preguntas de los detectives, oficiales y bomberos, pero no les comunicaron los nombres de los asesinos.

Como moscas a un cadáver, con los sheriffs vinieron los reporteros de los distintos canales de inglés y español. Apropiaron su espacio de donde hacían el reporte en vivo. Los cinematógrafos cargaban la cámara o la montaban en una base rodante de fierro. "Break in, twenty minutes!" gritó uno de los choferes. Los reporteros circulaban entre los vecinos, pero no podían sacar información y nadie quería ser testigo, un "eye-witness", nadie quería cooperar con los medios masivos.

"How about you? Did you see what happened?" Le preguntaron a Micaela.

"You're here to report on how we're killing each other. That's the only thing you came for, to show the blood, in this case there are no sidewalks, so you turn the camera on the blood-stained blankets. You're here to show the victims, the victim's hysterical mother. You're here to reveal tragedy inside the barrio and to make heroes of the killers. This slaughter shouldn't be on tv. You take advantage of us. You hope for more killings to keep your eye-witness, action news, primer impacto fucking job. You fuckers create, add too, intensify the anger, the bravado of the gang bangers," les comunicó calmadamente Micaela.

Varias personas escuchaban a Micaela y aplaudieron. Una joven se dirigió al reportero latino, "you and the police are as parasitic as the gang bangers and all of you are the problem. You with your cameras, microphones, and helicopters descend on us. You gladly exploit us, you want us to keep killing one another. Secure your job, parasites! You're not here to protect us but to expose us, to keep us here, keep us corralled in our neighborhoods. You justify the police action against us and warn the outside world not to come in so that the police can have free rein, but that is going to change because we're taking over, we're taking back our neighborhood, our barrio, or home. And only on our terms do we want parasites like all of you here!"

Pequeña nación

El reportero y sus asistentes se quedaron parados sin decir palabra cuando se dieron cuenta de que subían a la difunta Lidia en una carroza de la Funeraria Salvación. El reportero corrió hacia la carroza donde estaba un investigador de la oficina del sheriff. Desde la escena de otro asesinato de un inocente por pandillas locales, el reportero y la cámara lo entrevistaron para el reportaje en vivo.

En medio de la entrevista, Mauricio, quien encaminaba a Jaramilla y a Catarina a la casa, y acompañado por los vecinos, gritó: — ¡Qué paren los disparos, qué pare la matanza! —

Al oír esto, el investigador le respondió: —We'll do everything we can to stop them. You can be sure of that.

Micaela rodeada por las mujeres confrontó al investigador y le dijo: —you won't but we will, and you can be sure of that.

Micaela y las mujeres siguieron a Mauricio, Jaramilla y Catarina para acompañarles y ayudarles con su luto.

—You can't take the law into your own hands, gritó el oficial policiaco.

—We're going to do the job you can't ever seem to finish! le respondió la joven, quien había polemizado con el reportero.

—"No, you can't, that's our job! Otra vez le contestó el oficial.

—"Stop the shooting, stop the shooting, stop the shooting! repetía en voz alta la muchedumbre del barrio. Esa imagen de cientos de vecinos del barrio Geraghty caminando lentamente detrás de la familia Espinoza fue televisada en vivo por el reportero, quien también comunicó al público palabra por palabra lo que dijeron Micaela y las otras mujeres. El reportero: —From what has happened here recently and from what I saw and heard, I believe these people are serious about taking over, taking back their community.

★ ★ ★ ★ ★

Dos balazos, dos de una rociada disparada por un desquite aparente de pandillas, causaron la muerte de Lidia Espinoza. Al día siguiente, al mediodía se entregó en el recinto del distrito policíaco un tal Martín "Chunky" Gálvez, porque esa mañana vio su foto televisada en todas las estaciones locales.

Para Gálvez el hecho de ser arrestado y tener publicidad en la televisión lo hizo un héroe ante sus compañeros pandilleros.

Gálvez había logrado más respeto de sus homies y declaró orgullosamente: —I'll do time for my barrio! That's my duty! La policía había distribuido la foto al público en una conferencia de prensa a las nueve de la mañana. Gálvez era el dueño del carro balaceado que los pandilleros de Geraghty habían abandonado. La policía declaró: —We got one of the shooters. Un testigo vio el carro pasar por la avenida Whittier con tres jóvenes. Al doblar por la Ford, el testigo vio una pistola en las manos del joven sentado en frente. Dijo que claramente le vio la cara. Ese muchacho con la pistola era el dueño del automóvil abandonado.

El sheriff declaró que a Gálvez lo acusaban de asesinato y fue procesado en la cárcel central de la ciudad de Los Angeles. Pero los cholos que dispararon hacia los de Geraghty eran de la pandilla de Hazard.

Esa noche Micaela, las doñas, Filomena, Yesenia y Beatriz, la joven con un don de expresión, estudiante en la universidad local, colocaron los domicilios de los participantes en el crimen. Mientras recordaban los tiros disparados al azar que mataron a la bella niña Lidia, hablaban también de las pandillas.

—En nuestros tiempos las pandillas no eran tan violentas, —dijo Felícitas.

—Yo no recuerdo tanta matanza, tantas armas— Paca agregó, mientras metía otro cartucho de película en una de las cámaras Leica que cargaba con ella.

—Ahora, los cholos son negociantes de drogas y se pelean no para proteger un barrio, ni a sus "homies," porque se matan entre ellos mismos, sino para proteger su pedazo de territorio del mercado, del mercado de drogas.— explicó Beatriz.

—Así es, Beatriz,— afirmó Micaela, —pero ahora hay otro factor destructivo que los engrandece y los hace sentir como héroes, como si vivieran en una película, en un rodaje del noticiero nocturno. Los medios masivos, al capturar en vivo la imagen de estos cholos asesinos al momento en que huyen de sus colaboradores, la policía al ver sus cuerpos o los cuerpos de sus víctimas inocentes cubiertos con plásticos amarillos, ante los ojos de los niños, los potenciales miembros pandilleros, son titanes míticos, héroes de las guerras pandilleras. Ese factor de sentirse engrandecidos, de sentirse por un instante como actores en una película de acción dramática, ese momento intenso de reconocimiento ante el mundo, es la droga sicológica que los hace dispa-

Pequeña nación

rar a la loca, matar a cualquiera que esté cerca. En luz brillante los niños ven la atracción que tiene este poder de imágenes frenéticas que estructuran la mentalidad de los "pee wees", "little troopers" "los tinies" de cinco años con pistolas en mano dispuestos a participar en un drive-by, en una "mission", en una noche de locura, de wilding o enjambrar la casa de otra pandilla enemiga. Pero ahora nosotras, muchachas, vamos a enjambrar las casas de estos cholos y cholas y de sus familias. Haremos que cesen los disparos. Micaela miró a su alrededor, las mujeres escuchaban atentamente en el estudio de Paca lleno de fotos, de libros, de la historia del barrio.

Felícitas leyó de uno de sus cuadernos la declaración de un cholo: "The only thing we can do is build our little nation. We know that we have complete control of our community. It's like we're making our stand.... We're all brothers and nobody fucks with us. We take pride in our little nation and if any intruders enter, we get panicked because we feel our community is being threatened. The only way is with violence. And nobody, not even our own, can stand in the way of protecting our little nation."

—Sí. Pero ahora nosotras vamos a tomar control de nuestra vecindad, de nuestras calles, para nuestras hijas, para poder vivir sin temor. Ya me cansé de ser una mujer viviendo con miedo,— respondió Filomena.

—Las drogas los vuelven locos. Para las drogas hasta venden a sus hermanas, a sus novias. Las drogas los deshumanizan, no se reconoce el adicto como humano, no es humano, es una desgraciada, perversa deformación que se debe de eliminar.— Yesenia terminó como sorprendida por sus mismas palabras.

—Las armas, las pistolas son iguales que las drogas. Entre más armas tengamos en la comunidad, más van a caer en manos de las pandillas y resultarán en más matanza y más represalias. Una vez que consiguen pistolas, los barrios se desgarran en zonas de añicos de violencia sin distinción, llenos de temor que permiten a las pandillas actuar impunemente— agregó Beatriz.

—Aspiran una reputación de ser valientes, de ser "tough", chingones, vatos locos sin miedo, quienes declaran que tienen que proteger el honor de su barrio, su clica, nunca se rajan de nada, hasta morir. Y si todo esto pasa en la televisión mejor, si la violencia atrae helicópteros revoloteando y siguiéndolos, si vienen carros policíacos persiguiéndolos y si la policía dispara contra ellos y los mata en la televisión, eso es morir con honor, enseñarles a los homies cómo morir, todo se convierte en un teatro vivo y repugnante que me causa vómito,— dijo Felícitas.

—La niña Lidia hablaba de cómo quería su quinceañera, la describía como si la estuviera mirando, cuando de repente las dos balas le borraron los ojos,— dijo Paca. Se levantó y empezó a sacar fotos de las mujeres.

—¿Verdaderamente creen que nos van a seguir? ¡Un grupo de mujeres!— Beatriz anunció.

—Tú no sabes de qué son capaces las mujeres de este barrio, — respondió Felícitas.

—Se han unido con nosotras ya una vez. Tú no sabes, Beatriz, tú no has estado con ellas.— Yesenia miró a Felícitas, Paca y Micaela que ahora estaban paradas juntas.

—¿Qué podemos hacer? Podemos dominar nuestro destino. Podemos construir, edificar nuestra comunidad. Podemos lograr esto con nuestras acciones. Y nuestras acciones son sencillas, justas y sagradas,— Micaela respondió. Se dio cuenta de que pasaba de las doce. Fue a la ventana y anunció que se iba a casa. Micaela primero, Beatriz segundo, luego Filomena y Yesenia bajaron los escalones, se detuvieron por un momento y contemplaron sus caras celestes y cada una tomó su rumbo bajo las estrellas.

★ ★ ★ ★ ★

Micaela, Felícitas y Paca, a las tres de la mañana, encabezaban un grupo de más de cien mujeres que subieron a la casa de Felícitas y Paca en la calle Beulah. De las calles alrededor habían subido en silencio mujeres quienes se juntaron al grupo que ahora avanzaba hacia abajo por la calle Buelah, en dirección a la calle Geraghty. Se fueron a la derecha y, antes de llegar a la Bostwick, se detuvieron ante una casa vieja de madera, que estaba completamente oscura. Las mujeres, usando las tácticas de la policía, tumbaron con un garrote la puerta de enfrente. Se encendieron las luces y fueron inmediatamente al cuarto donde dormían Uriel y Neto Vargas, dos pandilleros del barrio Geraghty quienes habían respondido con balazos a los cholos de Hazard.

Pequeña nación

Uriel y Neto estaban dormidos. Con el estruendo del golpe y al escuchar la puerta volar y caer violentamente en medio de la pequeña sala, los muchachos se levantaron sorprendidos y llenos de temor. La mayoría de las casas en la calle Geraghty eran pequeñas y de madera, una arrimada contra la otra, casas forzadas debajo del nivel de la calle, casas detrás de otras, unas elevadas, otras columpiadas, construidas en las terrazas de las lomas. Todas las casas en estas alturas antiguas, en las calles como la Stringer, Loats, Swiggins, Robinson, Botswick, Beulah, estaban amontonadas una sobre la otra formando una pirámide de hogares, de familias que vivían tan cerca que se sentía el calor, la felicidad, el enojo, el latir de la sangre del vecino. En ocasiones de gran agitación emocional como la que causó la muerte de Lidia, los residentes de City Terrace, de Hazard, de Geraghty se unían y se hacían un sentimiento, un cuerpo, una voz. En estas lomas, mágicas esponjas terrenales de la vida, el grupo de mujeres desnudaba a Uriel y a Neto. Sujetaban a los dos jóvenes, que soltaban palabrotas y blasfemias a quienes los veían en los cueros en que nacieron.

—¿Qué hacen con mis hijos?— gritó el padre.

—¡Son buenos muchachitos! Déjenlos en paz. ¡No hicieron nada!— rogó Estela, su madre.

—¡Por ellos murió una niña inocente!— respondió Felícitas.

Mientras que las mujeres trataban de calmar a Uriel y Neto, los desnudaron para que pidieran perdón y rezaran la penitencia. Ahora se contaban afuera unas trescientas mujeres quienes esperaban a Micaela y a las doñas.

—¿Qué van hacer con mis hijos? ¿Dónde está la policía?— Estela preguntaba asustada por tantas mujeres que ahogaban el espacio de la casa. Los padres de los muchachos oían las oraciones de sus hijos.

—¿Qué van hacer con ellos?— preguntó la madre de nuevo.

—Nosotras somos la justicia de Dios. Nosotras, como usted, queremos a los muchachos, pero ya no podemos tolerar la matanza de inocentes. Nuestro amor es el amor de Dios y nuestro amor va a desterrar a Uriel y a Neto. Mire usted, señora, los cholos, los pandilleros creen que controlan la vecindad y cometen crímenes impunemente porque saben que la policía no hace nada o muy poco para detenerlos y creen que los vecinos tienen tanto miedo que no se defienden. Ahora, por la muerte de Lidia y por otros inocentes que murieron por una bala perdida, esta tierra es sagrada. Ahora nosotras las mujeres somos la justicia de Dios y no queremos que sus hijos vivan entre nosotros, están desterrados de estas lomas sagradas. Sus muchachos no van a morir, pero no pueden volver a este barrio hasta que cambien su vida. Si vuelven les costará carísimo.

Micaela miró a los padres por un momento mientras ellos miraban salir a Uriel y a Neto, todavía sin ropa, desapareciendo entre las mujeres. Los muchachos por un instante vieron a sus padres por la última vez. Neto, el más joven, lloraba. Ya en medio de un campo de cabello largo, Uriel, el mayor, gritó por su madre. En unos cuantos minutos se oyó su última plegaria que cayó en un silencio. Solamente se oían los pasos de las mujeres que volvían a sus hogares.

La noche siguiente, a eso de las cuatro de la mañana, de repente se enjambraron como trescientas mujeres en la casa de Melven Tríquitas, uno de los cholos de Hazard. Las doñas supieron que los otros dos habían huido la noche que desnudaron a Uriel y Neto.

La noticia de lo que habían hecho las mujeres la noche anterior había circulado por el barrio y cuando se pararon ante la puerta de la casa de Melven salieron sus padres, Mario y Adela, quienes tumbaron a una de las mujeres al lado de Micaela.

—¡Lárguense, cabronas viejas entrometidas! Mi hijo no hizo nada. ¡Déjenos en paz!— el padre se tiró sobre otra de las muchachas, pero ésta escapó la furia del hombre.

Inmediatamente unas veinte lo rodearon, lo abrazaron, sofocándole el movimiento hasta que el hombre estaba oprimido físicamente. Llamó a su esposa Adela, quien le contestó: —Mario, ¿dónde estás entre esas mujeres? No te puedo ver.

Más de veinte mujeres separaron a Mario de su esposa y de Melven quien levantó un garrote para defenderse de las caras angélicas que vio entrar a su cuarto. Adela no había resistido y tuvo que permitir que las mujeres prendieran a su hijo. Melven protestó. Insistió que no había participado en la muerte de la niña Lidia. Las mujeres se acercaron cuerpo a cuerpo hasta que Melven estaba completamente sujetado, y para imposibilitarlo le quitaron las pocas prendas en que dormía. Melven se resbaló al piso y allí se enculebraba. Las mujeres abrieron espacio y Melven las miró con rabia, pero después de unos segundos, su mirada se convirtió en impotencia. Desnudo, con las muñecas sobre las

Pequeña nación

rodillas, Melven se dio cuenta de que no podía hacer nada para escapar. Miró a Micaela consultando con Adela. Unos minutos después, otro grupo de mujeres entró al cuarto para llevárselo.

—No vuelvas nunca. Si vuelves sin cambiar tu estilo de vida sufrirás mucho. De este momento en adelante estás exiliado,— le advirtió Micaela mientras Paca sacaba fotos y película del destierro del cholo Melven. Cumplida la justicia de Dios, las mujeres se retiraron a sus casas mientras otras se llevaron a Melven tiritando del escalofrío que le daba el miedo. Al sacarlo de la casa se detuvo de repente ante las mujeres y orinó en medio del jardín. El humo del orín caliente subía al firmamento cuando los carros desaparecieron, bajando por las angostas y torcidas calles de Geraghty.

★ ★ ★ ★ ★

En San Diego, debajo de la autopista estatal, en Chicano Park, dos policías encontraron a un joven desnudo y desorientado. Al verlos el joven se acobardó cobijándose el su cuerpo con manos y brazos. Parecía un anuncio de Calvin Klein con actores de niños privados de alimento. Melven no corrió, sólo se puso de pie, levantó las manos y dijo: —tengo frío.— De Uriel y Neto nunca se oyó más nada. Algunos decían que se fueron a vivir con parientes en Moreno Valley.

La policía vino otra vez para hacer una investigación. Un capitán le llamó a Micaela y a las doñas para informarles que iban a entrar unos veinticinco policías. El capitán indicó que no quería problemas, pero estaba dispuesto a responder apropiada y correctamente para proteger a sus oficiales:

—We just want to ask a few questions. We want to visit the houses where three boys disappeared.

Micaela no le dijo que sí o que no. Solamente le deseó un buen día y colgó. Los vecinos estaban acostumbrados a estos ritos de investigación que siempre terminaban con aprehender uno o dos de los residentes. Ahora era peor porque esta vez agentes de Inmigración, "la migra", acompañaban a la policía.

Sin embargo, era igual, no había cambiado, a través de las décadas la policía siempre miraba a los mexicanos, "the Mexicans", "the barrios", como una fuente de sospechosos, de criminales en Los Angeles. Cuando necesitaban acusar a alguien, entraban impunemente al barrio y agarraban a dos o tres muchachos. Los residentes del barrio no les tenían confianza y consideraban a la policía un ejército de ocupación. La policía patrullaba las calles para asegurar que los habitantes se quedaran dentro de un área limitada: guardarlos cuanto más se podía dentro del barrio, enjaularlos en sus territorios. La policía estaba allí no para proteger sino para imponer las fronteras. Ahora había una guerra entre las pandillas y la policía. Esta se había convertido, por sus acciones, en nada más que otra pandilla. Así se consideraba a la policía, como otros cholos listos, buscando a los locos de pandillas enemigas para disparar contra ellos, para matarlos y engendrar en sangre y lágrimas más trabajo. Esta vez, como la otra, volvieron a interrogar.

—¿Quién se llevó a Uriel, a Neto y a Melven?
—Las mujeres del barrio, señor oficial.
—¿Quién desnudó a Melven Trínquitas?
—Las mujeres de Geraghty, señor oficial.

Esa tarde la policía no averiguó absolutamente nada. Por no divulgar información, la gente, en particular las mujeres, se hizo más fuerte y al caminar por las calles se saludaban con una mirada limpia de miedo y de remordimiento y unidas por justicia.

* * * * *

En una casa de veteranos de la segunda guerra mundial volaba una bandera americana deshebrándose en el viento fresco que había limpiado la contaminación de la cuenca de Los Angeles, dejando a los habitantes del barrio Geraghty bajo un firmamento azul infinito. En City Terrace algunas casas, situadas con la fachada hacia Los Angeles, tenían una vista del centro de la ciudad directa y sin obstáculos. Agueda Josefina Salcedo abrió la puerta de su casa para permitir entrar a Micaela, Felícitas, Paca y a las otras mujeres asociadas con éstas. Agueda ya las conocía a todas, menos a Beatriz, la joven estudiante de Cal. State Los Angeles. Al entrar Beatriz contempló la vista de Los Angeles y se quedó parada ante el panorama que alcanzaba hasta Santa Mónica.

Pequeña nación

—No te detengas allí muchacha, estás en tu casa— le dijo la anfitriona.

De la casa de Agueda, en un día claro, se podía gozar de una vista geográfica y arquitectónica de Los Angeles. Les hacía sentir conectados con la ciudad desde antes de su fundación. —Somos Los Angeles— dijo Beatriz en voz baja. Las mujeres se sentían como si ellas fueran su historia. Además, entrando a la casa, Beatriz dio con un prisma de colores construido primero por la señorita Agueda, quien vestía con blusas, faldas y vestidos de patrones de colores múltiples y chillantes.

—Yo soy de colores y me encantan los más chillones— dijo Agueda con una sonrisa que le cruzaba la cara llena.

Era una mujer de cinco pies, cuatro pulgadas, con pelo corto castaño, quien siempre llevaba puesto un suéter de talla grande. Siempre con las manos en los bolsillos cruzaba los lados del suéter como si intentara esconder algo debajo de la lana. Cuando estaba entre mujeres, acostumbraba quitarse el suéter revelando unos bustos enormes y redondos que se meneaban de lado a lado cada vez que se movía Agueda.

Sus compañeras nunca dejaban de estar sorprendidas por la grandeza de los bustos. Cuando Agueda salía a la cocina a traer café y té, las demás mujeres discutían entre sí.

—¡La pobre con esas campanotas!— dijo Filomena.

—Ahora se pueden reducir— agregó Beatriz.

—Apenas tiene para comer.

—Y nunca probó hombre.

—O hombre nunca probó de ellas — se rieron todas.

—¿Y eso qué tiene que ver? ¡Miren!— Se levantó la blusa Yesenia para demostrar un pecho masculino con tetillas brotantes color de ciruela oscura. —Yo no tengo nada y he tenido una manada de hombres.

Las mujeres se rieron y abrieron sillas plegables de metal, ubicadas contra una larga mesa en medio de la sala principal.

—Esta casa es una maravilla— dijo Jaramilla a Adela.

Para las dos mujeres esta era la primera vez que habían entrado en la casa de Agueda. Paca sacaba fotos de sus compañeras, las paredes y cuartos de la residencia. Las paredes de cada cuarto eran de un color distinto, el cielo de un color diferente de las paredes y el piso de madera que corría por toda la casa era de madera pintada en amarillo. Jaramilla de repente se dio cuenta de que hablaba con la mujer cuyo hijo había matado a su hija Lidia. La miraba y quería arrancarle el corazón a esa vieja bruta quien dio luz al monstruo asesino, pensaba Jaramilla.

El coraje de Adela estaba herido, golpeado por la tristeza de haber perdido un hijo. Pero su pérdida había sido por medio de un proceso lento porque ella perdió a su hijo Melven a una pandilla. Cuando Melven tenía diez años, la policía lo trajo a la casa y le dijo a Adela que no dejara al muchacho juntarse con las pandillas de Hazard. Si seguía con ellos pronto caería en la detención juvenil. Melven empezó a beber, a injerir drogas y dejar de asistir a la escuela. Al llegar a los trece años de edad, Melven se puso de pie ante su casa sin camisa demonstrando los tatuajes de la Virgen en los brazos, las letras de "Hazard" en el pecho y una lágrima tatuada al lado del ojo izquierdo.

"Kill me you motherfuckers," les gritó a los policías que pronto lo agarraron, lo golpearon y se lo llevaron sin decirle absolutamente nada a Adela. De ese día en adelante la vida de Melven fue una serie de estancias en más de doce cárceles y prisiones en el estado de California. Se hizo uno de los pandilleros más notorios de los barrios de Los Angeles y uno de los más infames de los barrios de Hazard y Geraghty. Era un cholo desgraciado, adicto a las drogas, violador y asesino violento, amado y protegido por su tierna y fiel madre, Adela. La vida de Adela había sido y era un llanto de agonía, un llanto desgarrado por la perdición lenta de su hijo único, Melven.

Micaela se acercó y abrazó a Jaramilla, quien se preparaba para hacer o decir algo. Micaela la interrumpió. Quizá le vio los ojos añorando a Lidia, o quizá le notó en los ojos el odio y la profunda tristeza que sentía hacia Adela y hacia sí misma.

—Jaramilla, ven a ver los altares que hace Agueda— Micaela la tomó por los hombros y la dirigió a la larga mesa en medio de la sala llena de pinturas, papeles tintados, listones, maderas, papel crepé, retratos y velas.

—Este es el material con que Agueda construye los altares. Nosotras venimos a ayudarle y a aprender a hacer los altares tradicionales — explicó Micaela.

Hizo pausa por un momento e imaginó las luces en las casas de Geraghty y en esa luz vio una Virgen sobre un colchón tirado en el suelo de una casa de pisos de madera. Sobre el colchón yacía una mujer de unos treinta años, de pelo castaño que le tocaba los cuadriles. Tenía una cara redonda y tranquila, labios llenos, naturalmente rojos, boca pequeña, nariz grecolatina, ojos grandes cafés. El cuello era largo y muscular. La piel y las costillas, huesos del pecho, estaban cortados y eliminados. Como si un cirujano le hubiera trazado y cortado con una navaja quirúrgica el pecho, los costados, arrancándole los huesos y descubriendo los órganos desde la garganta hasta debajo de la vagina. Los órganos principales de la mujer estaban revelados al mundo. Cada órgano latía con vida, hasta el corazón que estaba cortado a la mitad, revelando los órganos interiores que palpitaban mientras la mujer parecía dormir sin preocupación. Por un instante, vio ese símbolo en los altares de la Virgen de Guadalupe que cubría casi todo el espacio contra la pared.

Micaela caviló mucho en los altares profusos de colores. Agueda es una verdadera maestra, una artista de una artesanía casi perdida entre los inmigrantes mexicanos. Cuando Agueda trabajaba, enseñaba a preparar el material y a construir los altares. También explicaba cómo se usaban en la madre patria. Era costumbre levantar un altar para eventos especiales, como una boda, un bautismo y hasta para la muerte de un individuo. Agueda hacía altares diferentes según quien era el fallecido. Si era un hombre de importancia en la comunidad, se le hacía un altar público para que todo el pueblo pudiera pasar para demostrar el respeto al hombre y a la familia. Si era una madre, se le hacía un altar delicado que reflejara el amor de la familia. Si era una niña inocente, le construían un altar rodeado de angelitos y colores brillantes de los favoritos de la fallecida. La gente acostumbraba poner el altar para el velorio en la sala de la casa del difunto. Ante ese altar familiar de la Virgen de Guadalupe se iniciaban los nueve días de oraciones después del sepelio. Estas oraciones eran destinadas para acompañar el alma al cielo. La noche del velorio traían fruta, flores y objetos favoritos para darle una buena despedida al querido. Aquí, en este lugar, en donde lo único constante es el cambio, Agueda Josefina Salcedo trabaja para preservar la costumbre de los altares.

—No quiero verlos sólo en museos y festivales religiosos sino en cada casa del barrio, cada familia. Cada persona debe de mantener su altar. Adonde pueda ir tranquilamente, sin ningún temor, y hablarle a nuestra Señora, pedirle al Señor su bendición.

Agueda era una artista que seguía el estilo y método tradicional de construir altares. Cuando Agueda tenía cinco años, empezó a aprender a fabricar altares viendo a su madre. Su madre aprendió esta artesanía de su abuela, quien la aprendió de su madre. Agueda era un eslabón de una cadena de artistas que se extendía hasta los tiempos de la Colonia.

—Primero tienes que sentir la causa, la razón por el altar, tienes que tirarte emocionalmente en el sentimiento de la causa, el por qué del altar, tienes que ver las caras de las personas afectadas por el deseo de la existencia del altar, hacer que tu corazón lata al mismo ritmo que el suyo, únicamente de esa manera sabrás cómo concebir la imagen del altar y, una vez que tengas esa imagen en mente, podrás empezar a construir hacia ella, y siempre permitiendo que el latir de los corazones de la gente afectada por el altar participe en su creación, que al final la imagen tuya que tenías al principio no la podrás reconocer, pero ellos dirán que es la suya, y tú reconocerás las sonrisas, los sollozos de alegría, el desahogo del individuo, de la familia, de la comunidad, esto será tu apoteosis artística. De esta manera, sabrás cortar el crepé y el papel tisú en forma de figuras religiosas, velas, aves y, más que nada, flores. Algunas veces un solo altar puede ser adornado con hasta más de mil flores. Haz esto de buena gana y con amor para tu prójimo y para Dios— solía decir Agueda colocando sus pechos de un lado al otro para trabajar más cómodamente.

Comenzó Agueda a cortar, doblar y pegar el papel. Cuidadosamente colocaba cada trozo, rizo, pedazo en un lugar, diciendo a las mujeres que la imitaran,

—El papel es más que el simple ensamblaje de piezas, más aun que la creación del arte.

Agueda señaló a su alrededor los altares contra la pared de la sala, unos colocados sobre mesas pequeñas y otros que subían del piso hasta el cielo.

—Los altares— continuaba Agueda —representan las vidas de los que han pasado por este camino en otros tiempos, son las vidas de nuestros antepasados. Cuando hago mis altares, siento como que estoy en la presencia de mi madre y de mi abuela.

Pequeña nación

Paca sacaba fotos. Micaela servía chocolate y café, mientras las mujeres trabajaban y escuchaban a Agueda explicar el significado de los altares y enseñar los cortes delicados de cada imagen que componía.

—Me gusta hacer estos altares porque me siento acompañada por ellos.

Agueda hizo un gran esfuerzo para levantar su cuerpo y ponerse de pie.

Micaela estudiaba los altares, todos con la imagen de la Virgen, construidos para los muertos y pensó que deberían hacer altares con las imágenes de los niños asesinados por la violencia de los pandilleros, o por la peste de las drogas o el abuso de hombres y mujeres. Los altares deberían recordarnos las caras de los inocentes. Y ¿por qué no hacer altares para los vivos, para los niños que tienen éxito en la escuela, para las personas que hacen buenas obras para la comunidad, para los pobres que se dedican a que los hijos salgan adelante, hacer altares para los vivos?, pensaba Micaela.

De repente, Micaela se fijó en la mesa con el material y herramientas para hacer los altares. Vio que había un montón de tijeras de distintos tamaños.

—¿Saben qué?— preguntó Micaela agarrando un par de tijeras.
—Nosotras siempre debemos de cargar tijeras. Las tijeras serán nuestra arma contra los pandilleros y la policía. Con las tijeras podemos retomar nuestro barrio.

Habían entrado en una época de tiempo inestable. Llovió fuerte por un día, seguido por dos a cuatro días de sol y cielos azules. No hacía frío ni calor, era un clima para iniciativas creativas y colectivas. Las mujeres habían pensado en aquel día, cuando Agueda explicaba el significado de los altares en su casa, que deberían iniciar, desarrollar, y ejecutar una acción innovadora y colectiva. Ese día el grupo de mujeres escuchó a Micaela hablar y animarlas a continuar la lucha para retomar el barrio. Solamente un pequeño porcentaje de jóvenes eran pandilleros, pero eso era suficiente para causar tantas lágrimas y sufrimiento. Los demás eran muchachos interesados en asistir a la escuela y evitar meterse en una pandilla.

—Los jóvenes que están en las pandillas son jóvenes a quienes no podemos salvar fácilmente. Muchos de ellos ya han saboreado la gloria de la cárcel. Muchos de ellos son seres institucionalizados. No tienen temor del sistema, es decir la policía, la prisión. Lo peor que les pueden hacer es matarlos, y no tienen miedo de morir. Desde chiquitos empiezan a considerar el sistema penal como una escuela, un hogar, porque allí tienen todo lo que necesitan. Son convertidos por las autoridades penales en seres dependientes del sistema penal. Este proceso de institucionalizar a los jóvenes del barrio garantiza miles, si no millones de trabajos y billones de dólares. Trabajos y dólares todos relacionados de una manera u otra con el producir y mantener la cultura del crimen y del criminal. Ser encarcelados les da prestigio con sus iguales, y gozan de la publicidad que reciben de los medios masivos de los periódicos, la radio y la televisión, que les satisface el hambre de ser reconocidos, de tener una identidad. Después de matar a inocentes, les gusta ver sus nombres en la página titular. Esos se ven como el enemigo público número uno, esos ya están perdidos a la fama pasajera.

Micaela había dado un análisis de la situación de la vecindad y describió un plan de acción. Esa tarde Micaela, Felícitas y Paca propusieron formar una escuela establecida para niñas y mujeres, administrada exclusivamente por mujeres. Antes de despedirse, Micaela y las mujeres llegaron al acuerdo de formar la Federación Mujeres de las Tijeras dedicada a la salvación de los niños y mujeres víctimas de la influencia, abusos y ataques de las pandillas, la policía y los medios masivos de la sociedad. Al formar la Federación Mujeres de las Tijeras ya había varios grupos de residentes dedicados a mejorar la vecindad en donde vivían. Algunos eran el "Comité Pro Paz en el Barrio," "El Alumbrado Femenil para la Salvación de los Niños" y "El Grupo Pro Mejoras."

★ ★ ★ ★ ★

Habían pasado seis meses desde que se pronunció la declaración de la Federación Mujeres de las Tijeras. Las casas de las doñas se habían convertido en el centro educativo y protector para las mujeres y los niños de la vecindad. Micaela, Felícitas y Paca eran a quienes las mujeres buscaban para dirigir la estrategia para su mejoramiento. Las mujeres que se hacían socias de la Federación veían que por lo menos les traía prosperidad sicológi-

Pequeña nación

ca y confianza de que tenían un grupo de mujeres con quienes podrían contar. Se daban cuenta de que las pandillas no sobrevivían en barrios donde los residentes se organizaban en contra de las actividades de los pandilleros y, en su caso, contra los abusos de la policía y los medios masivos.

La Federación Mujeres de las Tijeras después de tantos años de ver las atrocidades de la violencia pandillera y doméstica, después de afirmar que las causas, entre otras, de esta condición desesperada eran la pobreza, falta de educación, de entrenamiento para oficios y falta de conocimientos paternales y maternales, de que solamente un cuatro a diez porciento de los jóvenes en el barrio estaban afiliados a pandillas, de que solamente cuatro a diez porciento causaban el horrible sufrimiento de las mujeres, se pusieron a analizar esta situación y decidieron actuar.

Establecieron con Micaela, Felícitas y Paca un centro cotidiano para niños que permitía a las madres trabajar y asistir a la escuela, varios grupos de entrenamiento de líderes, un programa de tutores para los niños que estaban en los grados seis a ocho y un grupo de tutores para ayudar a los jóvenes en la secundaria. Organizaron un comité para imponer justicia en el barrio. Este comité no estaba encargado de mantener la paz, ni de hablarles a los pandilleros para prohibir, prevenir las matanzas, sino que iba más allá. Ya cansadas de hablarles a los cholos y cholas, la Federación optó por actuar como jurado al imponer la justicia a cualquiera que violara los derechos de vivir de cualquier individuo. Micaela y las mujeres de la Federación estaban dispuestas a usar las tijeras para lograr la justicia y la paz.

Con el tiempo se descubrían los esfuerzos de la Federación Mujeres de las Tijeras y atraían a otras mujeres que venían a las casas de las doñas para ofrecer su ayuda y dinero. Diariamente venían muchas mujeres para ayudar.

Un día llegaron unos reporteros con un grupo de políticos para sacar fotos con las mujeres de la Federación; también vino un actor vestido de negro que se hizo famoso con repetir y exagerar el papel de pandillero hasta convertirlo en héroe. Flanqueado por cinco guardaespaldas y tres secretarias, llegó el famoso Ego Thespis. Saludó a los políticos y a las gentes que se acercaban para oír a quien esperaba en frente del cerco de las casas de las doñas. Esto se convertía en un espectáculo para los reporteros y equipos de televisión.

Los reporteros, los políticos y Ego Thespis no tuvieron que esperar mucho tiempo. Micaela, Felícitas, Paca sacando fotos y las otras acompañadas por los niños, las madres y las ayudantes salieron a confrontarlos.

—Aquí no hay nada para ustedes—

—Aléjense de esta Federación de buenas mujeres.

—No queremos su ayuda, su compañía y mucho menos su publicidad,— las mujeres afirmaron.

El famoso actor, orgulloso, se paró delante de ellas y dijo:

—Yo vengo a organizarlas, a ofrecerles fondos. Déjenme entrar y verán que las puedo hacer famosas. ¡Haremos una película de ustedes!— les gritó el actor.

Jaramilla, quien había perdido a su hija Lidia a balazos de los pandilleros, le respondió:

—Usted es el peor de todos. Es un pachuco postizo quien se hizo millonario explotando la miseria, el sufrimiento de su propia gente. Usted ha glorificado a los pandilleros asesinos, parásitos de nuestra comunidad. ¡Váyase al diablo, pachuco falso!— Jaramilla enderezó su cuerpo desafiando al actor, a los políticos y a los reporteros. No por ser una pobre mujer residente del barrio se iba a disminuir, a menospreciar. Su opinión tenía valor, pensó ella al escuchar los aplausos y chiflidos de apoyo.

De repente un periodista empezó a sacar fotos de Jaramilla.

—¡No se permite ni una foto!— gritó Micaela.

Cuatro mujeres agarraron al hombre, y sacaron la película de la cámara.

—¡No se permiten fotos, videos o entrevistas! Ya no traigan sus helicópteros a invadir nuestro espacio privado. No deseamos la atención comercial de las cámaras. Ustedes y la policía nos han servido mal. ¡Ahora no queremos que nos sirvan!

Los habitantes aplaudieron, cantaron y lentamente empujaron a los políticos y reporteros a los coches. Las mujeres con tijeras en la mano separaron al actor famoso de los guardaespaldas y lo encaminaron calle abajo. Las mujeres empezaron a abrir y cerrar las tijeras haciéndole acelerar el paso cuando, súbitamente, Ego Thespis se echó a correr como si hubiera mirado a un fantasma de ultratumba.

★ ★ ★ ★ ★

Pequeña nación

Un mes después de la visita de los políticos, el actor Ego Thespis y la prensa, Micaela miró a su alrededor y no encontró a ninguno de ellos durante la misa para otro de los jóvenes del barrio. Esta vez le había tocado al notorio Ricky "Chivo" Rodríguez, cholo loco de Geraghty a quien la pandilla de Ford Flats intentó dos veces matar hasta que un día, al pasar por la iglesia al momento en que el Chivo terminaba de persignarse, de ponerle el "Santo" final de la trinidad y de su vida, sintió salirle por detrás del cuello una bala cuarenta y cinco. Cayó el Chivo con la boca en medio de un suspiro y los ojos abiertos mirando el firmamento. Micaela recordaba que los paramédicos tardaron media hora en llegar a darle auxilio al moribundo Chivo, que ningún político vino a investigar o visitar a la familia del difunto, que ningún actor, ni Ego Thespis, pasó a ofrecer filmar una película de su vida, que ni un periodista latino vino a hacer un reportaje en vivo y que sólo tres policías vinieron con la carroza a recoger el cuerpo del Chivo. Como siempre pasaba, las mujeres del barrio hicieron una colecta para enterrarlo. En el velorio, doña Agueda construyó otro altar para el muerto más reciente.

Una semana después de que sepultaran al Chivo en el Calvario, el Danny "Little M" Quintillas, vato loco de Maravillas, fue balaceado cuando iba caminando con su novia, Carmen Martínez, por el César Chávez Boulevard. Al Danny le tocaron cinco balas y a Carmen solamente una, pero ésa la recibió entre los ojos y le viajó maromeando hasta cruzarle por completo el cerebro. El Danny tardó cinco días en el hospital y salió para vengar a la Carmen. Primero, fue a sonarse con heroína, luego consiguió dos cohetes y fue en busca de los vatos de Hazard a quienes culpaba por la muerte de su novia. Una tarde, cuando el sol caía sobre el Pacífico dejando un cielo rojo, Danny y otros tres cholos de Maravillas subieron por la Hazard y pasaron por la casa de Tomás Reinosa, quien estaba en los brazos de su mamá. Al instante que Danny y otro cholo dispararon contra cinco pandilleros de Hazard, la madre de Tomás Reinosa volteó sorprendida por los balazos. La sorpresa de su madre fue total para Tomás Reinosa, de dos años de vida.

Mientras en su velorio yacía Tomás Reinosa en su ataúd forrado de tela blanca, Micaela y la Federación Mujeres de las Tijeras encontraron a Danny "Little M" Quintillas y a otros tres fumando marihuana y divirtiéndose con una chola loca con los pechos de fuera en el garaje detrás de su casa. Aunque fueron sorprendidos, tuvieron tiempo de disparar tres veces pegándoles a dos mujeres, a quienes llevaron a una clínica privada.

Las mujeres tomaron a Danny, sacaron las tijeras y le cortaron la ropa dejándolo desnudo junto con sus compañeros. A la chola le cubrieron los pechos y la obligaron a que diera fe de las consecuencias graves de la vida loca. Las mujeres rezaban el Rosario cuando se oyó el grito agudo de Danny. Las oraciones se hicieron más sonoras y cubrieron los llantos del asesino del niño Tomás Reinosa.

Mientras sacaban a Danny del garaje y lo subían a un coche, su madre protestaba,

—¡Dejen a mijito! ¡El no hizo nada!

Al momento que echaban a Danny, sangrando de entre las piernas, y a sus tres homies, en una calle cerca del hospital del condado, Gloria Reinosa, la madre de Tomás, se tiraba el cabello, se rompía la ropa y gritaba histéricamente,

—¡Ya no quiero vivir! ¡Ya no me importa nada! ¡Quiero estar con mi Tomás! ¡Por favor, Dios, llévame de esta vida de terror!

Antes de dirigirse a Danny y a los otros tres asesinos, Beatriz, mirándole sin temor directamente en las pupilas, le advirtió:

—Dale gracias a Dios que te perdonaron la vida. No vuelvas al barrio sin cambiar tu vida, porque las consecuencias serán desastrosas para ti y para tu familia. Dile a todos los cholos que ahora la Federación Mujeres de las Tijeras controla el barrio. Esto te digo con amor, hermano, con el amor de Jesucristo, ahora corre al hospital porque tu vida está en tus manos.—

Beatriz lo empujó en dirección del hospital. El grupo de mujeres observaron a cuatro muchachos desnudos, uno de ellos deteniéndose el pene y el escroto vacio de testículos, desaparecer en la iluminación de la entrada de emergencia del hospital monolítico.

★ ★ ★ ★ ★

En el segundo piso de la casa de las doñas, Micaela se duchaba y miraba, por la pequeña ventana que daba a las calles vespertinas de la comunidad de Geraghty, doce grandes palmeras que maneaban amistosamente sus palmas en el viento juguetón del sur de California. Acercándose tentativamente a la casa de las doñas, venían dos muchachas, de quince y dieciséis años respectivamente, quienes hacía dos semanas habían hablado con Micaela. Por un momento se detuvieron debajo de la palmera más cercana a la casa, una de las muchachas miró hacia arriba, como contemplando el batir alegre de las palmas. Miró en dirección de la casa y parecía rogarle a su amiga caminar los últimos pasos. Esa distancia corta les parecía millas para caminar. Por fin, Carmen hizo tomar otro paso a su amiga, Reina, quien venía despacio y adolorida, con la cara, brazos y espalda cubiertos de moretones causados por la golpiza que le acababan de dar sus padres.

—Tuviste suerte que tu jefa le quitó el cinturón a tu papá porque te iba a matar esta vez.— Carmen apoyaba a su amiga Reina.

—Mi papá me quitó mi dinero primero. Cree que me estoy cogiendo a los cholos. Luego me agarró a chingadazos.—

—Te echó de la casa, carnala. Y ahora, ¿dónde nos quedamos?— se quejó Carmen.

—Fuck you, Carmen. Tú padrastro también te golpeaba a ti. Primero, chingaba a tu tecata madre, después te cogía a ti entre golpes, y luego tú corrías a mi casa.

—My mother's a whore. No me hables de ella, you fucken chola— le decía Carmen. Animaba a Reina a seguir adelante.

—Reina, aguántate, casi llegamos. Dicen que esas viejas son muy buenas.

—No puedo, no puedo respirar, el dolor en el pecho—

Micaela se ponía la blusa cuando oyó a las doñas pidiendo auxilio. Bajó al jardín de la calle y encontró a Felícitas y Carmen arrastrando a Reina hacia la casa. Paca sacaba foto tras foto.

—¡Ya deja esa cámara y ayúdanos a levantarla!— le gritó Micaela.

Carmen y Reina habían venido, no porque querían, sino porque estaban desesperadas, no tenían casa, ni padres que les ayudaran, ni amigos o amigas. No querían ir con los cholos, porque si se quedaban con ellos, en unos días les cobrarían el cuerpo para pagar el mantenimiento, como decía el Chivo a todas las cholitas tontas que tenían amarradas por drogas o temor, —Hay que pagar family care, queridas. ¡Yo soy su papá y recuerden que papá les dice qué hacer y cuándo!— Carmen y Reina rehusaban a ser esclavas de un solo vato, mucho menos de una pequeña nación pandillera.

También no podían ir con otras homegirls, porque a éstas ya no les tenían confianza. Varias veces habían acusado a Carmen y a Reina de robarles drogas o dinero cuando se quedaban con ellas. Les llamaban ladronas, putas y locas marginadas. Carmen y Reina no tenían otra opción más que las doñas, Micaela y la Federación Mujeres de las Tijeras. Por los barrios corría la noticia de que estas mujeres ayudaban contra las pandillas. No lo hacían para hacer un documental o para salir en la televisión, o para que Ego Thespis hiciera una película, sino para mejorar la comunidad. Estas mujeres rechazaban ayuda de la policía, de la televisión, de la iglesia y de actores famosos como Ego Thespis, porque esas entidades explotaban a las pandillas tanto como las pandillas explotaban a los barrios. Carmen y Reina querían ser parte de un grupo de mujeres que estaban dispuestas a ir más allá de las palabras, a actuar intelectual y, más importante, físicamente. Aunque las muchachas todavía no lo sabían, el confrontarse cara a cara, cuerpo a cuerpo con los pandilleros, la policía, los medios masivos, a todo lo que hacía daño a los barrios y a sus habitantes, era su meta.

Esa noche, Grayson Ramírez Yim entró en una de las habitaciones en el segundo piso de la casa de Paca. El doctor, que también era fotógrafo, después de examinar a Reina le sugerió ir al hospital, porque tenía dos costillas quebradas. Una de ellas le había penetrado el pulmón. Al principio Reina rehusó ir al hospital, pero después de una hora el dolor se hizo tan agudo que empezó a gritar. La llevaron al hospital del condado. Una semana después, Reina volvió a la casa de las doñas.

★ ★ ★ ★ ★

Esa semana Carmen se quedó en la casa y ayudaba en la guardería con los niños que dejaban las madres por la mañana para ir a trabajar. Las mujeres que voluntariamente venían a cuidar a los niños, eran las abuelas, viudas y solteras que estaban en casa durante el día. Micaela, Felícitas y Paca las convencieron de venir a participar y hacerse socias de la Federación. Treinta mujeres vinieron entusiasmadas a dar su tiempo, experiencia y amor.

Pequeña nación

La Federación también daba clases para muchachas como Carmen y Reina, que habían abandonado la escuela. Cuando volvió Reina del hospital había catorce muchachas que asistían a la escuela de la Federación. Dos mujeres, la señora Kochart y la señora Marbel, dos maestras jubiladas, quienes habían vivido en Geraghty por más de cuarenta años y que eran grandes amigas de las doñas, se encargaron de preparar el currículum para la escuela.

Micaela, Felícitas, Filomena, Yesenia y Jaramilla descansaban en el barandal de la casa de Felícitas mirando hacia el oeste, hacia el Océano Pacífico, contando los aviones que aterrizaban en LAX, aviones que cruzaban un cielo polvado por nubes blancas coloreadas de púrpura a rojo y naranja durante un crespúsculo radiante en Los Angeles.

Mientras tanto, adentro Paca organizaba las fotos que acababa de revelar. Las colocaba en el piso, estudiando y comentándolas con Beatriz, Adela, Agueda y Carmen. Paca había bajado unas cincuenta fotos de las paredes para poner nuevas fotografías de los habitantes del barrio. Al poner las nuevas fotos en el piso, Adela empezó a llorar por su Melven, cuya imagen sonreía desde abajo. Adela recogió la imagen de su hijo y la apretó contra su pecho, lloraba sola rodeada por fotos y mujeres que comentaban el arte de Paca.

—Pongamos éstas aquí— sugirió Beatriz. Las mujeres continuaban organizando fotos para ponerlas en la pared. De repente, Adela se hincó y gritó, —¡Cabronas! ¡Qué no me oyen, lloro por mi hijo! ¿Qué no tienen compasión?

Entraron las mujeres que estaban fuera. Jaramilla, al escuchar la plegaría de Adela, le contestó —¿Compasión? ¡Ingrata! ¡Ese diablo mató a mi Lidia!

Adela levantó la cara y le dijo —¡Vete al diablo!

—¡Tú desgraciada, ya te echaste con él! ¡Aviéntate, puta infectada!

Adela se le echó encima a Jaramilla. Las mujeres gritaban, se daban puñetazos, se rasguñaban la cara, se tiraban del cabello, se mordían los hombros, trataban de picarse los ojos, se desgarraban la ropa y el cutis, se cayeron sobre las fotos de Paca. Tirando sangre y lágrimas sobre las imágenes violentas del barrio, incluyendo fotos de la niña Lidia sin ojos.

Las otras mujeres intentaban separarlas, pero Adela y Jaramilla estaban decididas a matarse. Las mujeres agarraban las manos de Adela y Jaramilla. Les jalaban el cabello para separarlas y evitarles morderse. Por fin, después de quince minutos, lograron separarlas y sacarlas a diferentes cuartos.

Felícitas y Micaela fueron a ver a Adela quien, al ver a Micaela, empezó a llorar a llanto abierto, interrumpido sólo por declaraciones de suicidio,

—¡No quiero vivir más! ¡No aguanto más!— Adela, histérica, tiritaba de frío y sudaba tanto que en unos minutos estaba empapada. Las mujeres tuvieron que cambiarle la ropa. En unas cuantas horas se dieron cuenta de que tenían que llevarla al hospital. Adela estaba desorientada, hablaba incoherentemente, se orinó y se ensució. Las mujeres se organizaron y pronto la llevaron al hospital.

Jaramilla, calmada, acompañada por Carmen, Reina y Agueda en un cuarto contiguo, escuchaba lo que gritaba Adela. Eran las diez cuando Grayson Ramírez Yim examinó y trató a Jaramilla que se quejaba de que le dolían las dos mordidas en el hombro y la cabeza.

—Tu contrincante te arrancó pedazos de cabello, te va a doler la piel por unos días.— dijo el doctor Yim.

—Mira a lo que hemos llegado, Micaela.— dijo Felícitas mientras le ayudaba a Paca a limpiar la sangre de las fotos.

—¿Qué debemos de esperar? Si vivimos en un lugar donde hay mucha violencia.

—Pero nuestro grupo debe trascender la estructura de la violencia. Si ocurre esto otra vez, las dos serán expulsadas. No podemos dar la impresión de que hay conflictos internos en la Federación. Tenemos que mantenernos unidas.

A las once de la noche volvió Adela del hospital. Le dieron un calmante y esa noche durmió en el sofá tranquilamente.

Pero la noche no había terminado de revelar sorpresas. En la sala, Carmen, Reina, Agueda y otras mujeres hablaban con el doctor Yim quien tomaba un chocolate y pan dulce. Micaela pasó a la sala cuando el doctor Yim le explicaba a Reina que ella estaba embarazada y que estaba en el sexto mes. Micaela se detuvo ante Reina, quien estaba sentada en el sofá. Le tomó las manos, se sentó a su lado y le dio un abrazo cariñoso.

—Te felicito, Reina. Que tengas un bebé rico en salud.—

—Gracias, Micaela, pero igualmente deberías de abrazar a Carmen, porque ella también está en camino.
—¡Dios mío! ¡Cómo crece nuestra familia!— respondió Micaela.
—¡Felicidades!— gritaron las mujeres. La sala se llenó de aplausos y las mujeres rodearon a Carmen y a Reina, dándoles consejos, ofreciéndoles ropa para ellas y para los bebés que pronto estarían con ellas.

Esa noche Adela durmió tranquila, pero Jaramilla, adolorida, la pasó tomando café y platicando con las otras mujeres. Al amanecer volvieron a sus casas para cambiarse, luego volvieron a las casas de la Federación para salir juntas a misa a la Iglesia de Nuestra Señora de Guadalupe.

★ ★ ★ ★ ★

Para el octavo mes de los embarazos de Carmen y Reina, dos jóvenes y dos ancianos habían muerto. Un pandillero murió caminando a casa después de salir de la escuela. Murió porque había dado señales de Hazard a varios carros que pasaron gritando —¡Maravilla rifa!— Al pasar los carros por la tercera vez, el joven de Hazard les tiró sus señales. El tiroteo se soltó inmediatamente y duró por unos treinta segundos.

El otro difunto fue una muchacha de dieciséis años, conocida como La Sacred. Era una niña notoria que desde los diez años había pasado su vida en instituciones siquiátricas en Los Angeles y en el condado de Orange. La Sacred visitaba a sus primos que celebraban una quinceañera en Geraghty. Después de la misa, durante la recepción, la fiesta fue invadida por unos locos del barrio Jim Town en busca de La Sacred. Uno de ellos pidió respetuosamente ver a su novia, La Sacred. Cuando ella salió a la calle, él disparó a ella y a sus dos primas. Carros llenos de pandilleros de Geraghty siguieron a los invasores. Los muchachos estrellaron sus carros bajando la calle de Geraghty.

Al viejito Don Taita Fonseca lo mataron por quejarse de un grupo de cholos que estacionaban sus "ramflas" enfrente de su casa. Los cholos y sus novias ponían las bocinas a alto volumen. Al oír y sentir las vibraciones de los bajos, salió Don Taita gritándoles a los jóvenes. El viejito los amenazó con llamar a la policía. Los cholos no se fueron sino que subieron el volumen. Don Taita se enfureció, tomó la manguera, abrió el agua y le echó agua al interior de uno de los carros. Dos vatos salieron tirando balazos y el anciano cayó moribundo en medio de un charco de agua en su jardín de rosas que tanto cuidaba junto con su esposa, quien presenció el ataque en su silla de ruedas desde la sala pequeña de su casa. Estos ancianos habían vivido en esa casita de madera compuesta de cuatro habitaciones por más de cincuenta años.

La anciana Taita Fonseca no soltaba las manos heladas de su viejito. Cuando subieron al cadáver a la camioneta del condado, Doña Taita, desesperada, no podía respirar hasta que soltó un grito llamando a su viejito, a quien había conocido toda su vida. Esa noche Micaela, Beatriz y Carmen trajeron a Doña Taita a la casa de Paca, quien, como siempre, sacó fotos de Doña Taita y del difunto. Después de dos días, Doña Taita se dio cuenta de que su esposo jamás iba a volver y, por lo tanto, la anciana decidió morir. Dejó de comer, de beber, no permitía que nada entrara en su cuerpo. No habló, lloró o durmió. Por nueve días, exactamente nueve días, el tiempo para rezar una novena, existió con los ojos abiertos, mirando hacia afuera durante los días y esperando que viniera Don Taita por ella, por la noche.

—Ya no tarda mi querido Taita— fueron las últimas palabras que pronunció.

La mañana del noveno día, Reina le llevó leche y, sentada en una silla ante la ventana abierta, la encontró muerta con los ojos abiertos y una ligera sonrisa en los labios. En su último momento de vida, Doña Taita se había levantado de la cama. Caminó a la ventana, la abrió y se sentó en una silla de madera y miraba afuera los árboles, las flores de jardín, los rosales y quizá vio a su viejito venir por ella esa mañana soleada sobre la ciudad de Los Angeles.

Cómo lloraron las muchachas. Entendieron el profundo amor de Doña Taita y su viejito. Cómo lloraron Felícitas, Beatriz, Filomena y las otras mujeres de la Federación.

Las señoras Marbel y Kochart, quienes se encargaban de la escuela, donaron dinero para enterrar a los ancianos en el Calvario. En el funeral confesaron las señoras Marbel y Kochart que habían conocido a los ancianos por tantos años, pero que nunca supieron sus nombres.

★ ★ ★ ★ ★

Fue en la madrugada cuando más de cien mujeres invadieron la casa del asesino de los Taitas Fonseca. Siguiendo el mismo *modus operandi* las mujeres desnudaron al joven loco y lo sacaron fuera de la casa. Salieron dos hermanos quienes atacaron a Micaela y a otras mujeres que hablaban con el acusado. De repente, los dos jóvenes sintieron contra su piel las tijeras rapiñas de la Federación. Los padres defendían a los hijos y declaraban que el asesino no era capaz de dañar a nadie.

—Mijito es buen muchachito— declaró la madre.

Las mujeres de la Federación habían oído tales plegarias tantas veces que ya las cantaban. Tomaron a la madre del matón por el cabello y le cortaron el vestimento que llevaba. Le tocó la misma suerte al padre de la familia.

Micaela, Felícitas y Jaramilla dirigían el interrogación. Paca, Carmen y Reina, las dos últimas ya muy gordas, encabezaban el registro de la casa. Cuando se llevaban al asesino, salieron Paca y las dos embarazadas cargando dos rifles semiautomáticos, tres escopetas y una docena de pistolas con varias cajas de municiones.

—¿Para qué quieren tantas armas? ¿Para celebrar el Grito, para el Año Nuevo?— Micaela les indicó que se llevaran las armas a la casa de la Federación. Luego volteó hacia el asesino y le dijo a él y a su familia:

—Tú mataste a los Taitas Fonseca y mereces lo que Dios requiere. No tengas duda que lo vayas a recibir. Pero queremos que sepas tú y tu familia que nosotras queríamos a los Taitas. Eran ejemplos de amor entre humanos, de amor incondicional. Y lo que ahora viven tú y tus hermanos y tus padres es resultado de ese amor de Dios. Te queremos y te perdonamos, asesino, pero nunca vuelvas sin cambiar a este barrio. No queremos ver a nadie de tu familia. Mañana tu casa será una cáscara vacía que se llenará con nueva vida. Aquí el mundo para ustedes ha desaparecido.— Con esas palabras Micaela despidió a la familia y al asesino de los Taitas. Nunca más se oyó de ellos.

—¡Y díganles a sus amigos cholos que si les vemos la cara por aquí nos los comemos vivos!— gritó una soldadera de la Federación.

Dentro de una hora, lo que Micaela había profetizado, se logró y la casa de los cholos asesinos se convirtió en una cáscara de madera.

★ ★ ★ ★

En un periódico independiente publicado en el Este de Los Angeles llamado *La voz del corazón* salió un artículo corto titulado "Federación de Asesinas y Brujas". El artículo estaba enterrado en las últimas páginas del periódico, pero fue leído por un reportero del Los Angeles Times quien empezó a investigar a la Federación Mujeres de las Tijeras. El periodista entrevistó a varios vecinos de Geraghty y Hazard, pero nunca fue a hablar con Micaela y las otras mujeres, sin embargo convenció al editor a publicar un artículo que salió en el "L.A. Times Magazine" que trataba de brujería y que relacionó a la Federación con brujería y asesinatos rituales. Descubrió cómo las mujeres desnudaban a sus víctimas y también que almacenaban armas para formar un ejercito femenino, una legión militar de mujeres dedicadas a la justicia.

Estas exageraciones no fueron las únicas, sino que también se relató que la escuela de la Federación enseñaba conceptos de odio y de racismo, que el currículum era anti-anglo, anti-americano. Esta información fue proporcionada en dos o tres entrevistas por personas que vivían cerca de la Federación y que sólo saludaban a algunas de las mujeres de la Federación, pero que no las conocían íntimamente. Simplemente no sabían nada de ellas, sólo lo que se decía de ellas. No obstante, el periodista las consideró, las entrevistó y las presentó como autoridades sobre la Federación.

El artículo circuló en todos los condados donde se distribuía el periódico y, un día después de su publicación, fue sindicado nacionalmente. Ese mismo día los "talk shows" en la radio y televisión hablaban de la Federación, las mujeres y su filosofía, inventada por las personas que declaraban saber algo de los miembros y sus actividades.

En esos días Micaela, Doña Felícita y Doña Paca habían recibido tantas llamadas telefónicas que pensaron desconectar el teléfono. Vinieron negociantes queriendo venderles aparatos y materiales para la escuela, abogados ofreciendo su asistencia y consejo legal, inspectores del condado queriendo revisar la arquitectura y construcción de las casas para averiguar si las nuevas adiciones, como el puente y otra sala para instrucción, tenían los permisos apropiados. Unos agentes de la alcaldía vinieron a informar a las mujeres que no podían ejercer un negocio, el centro para niños, porque no tenían los certificados legales para tales

Pequeña nación

operaciones. Estas tres personas querían entrar a la casa a la fuerza. Ninguno de los otros visitantes había logrado entrar. Estos insistían e intentaban forzar la puerta cuando aparecieron por detrás de ellos cinco mujeres con tijeras de diferentes tamaños en la mano.

—Si quieren entrar tienen que dejar que les quitemos la ropa,— dijo Carmen con una sonrisa abriendo y cerrando las tijeras.

—Es tradición, a cada persona que entra por primera vez a las salas de la Federación tenemos que pelarles la ropa. Entrar en cueros para renacer adentro— agregó Beatriz.

Los agentes miraron alrededor, miraron las caras determinadas de las mujeres quienes mostraban sus tijeras y empezaron a retroceder hasta el cerco. De repente, se echaron a correr y arrancaron en el carro calle abajo.

La señora Marbel y la señora Kochart habían tenido varias visitas de agentes de la policía que les molestaron mucho. Para la cuarta visita, las dos señoras se sintieron obligadas a insistir a la policía que tenían que arrestarlas o dejarlas en paz.

—Si no nos arrestan ahora, no vuelvan más a nuestras casas.

Los agentes forzaban su entrada a la casa con el objeto de averiguar información sobre Micaela y las doñas. La policía las identificó como anarquistas, extremistas y disidentes políticos radicales peligrosas, enconadas en crear disturbios en la comunidad e inculcar en la gente un odio por las instituciones gobernantes.

—No deben de relacionarse con Micaela, Felícitas y Paca. No vuelvan a la escuela, condenen a la Federación por lo que es, un culto de extremistas antigobierno y un enjambre de brujas.—

Un día por la tarde, cuando el sol bajaba y los jardines de U. C. L. A. refrescaban, la policía y dos agentes del FBI habían arrinconado al doctor Grayson Ramírez Yim y le explicaron el peligro profesional que implicaba el trabajar con Micaela y la Federación de Mujeres.

—Doctor, usted puede ser arruinado asociándose con esas terroristas. Debe saber que esas mujeres están almacenando armas. Ese grupo es un culto religioso peligroso. Le rogamos, doctor, no vuelva a las casas de la Federación.

★ ★ ★ ★ ★

Grayson Ramírez Yim vio rifles y pistolas que cubrían por completo las paredes y vio cajas de municiones arrejoladas en el piso del cuarto en donde Carmen y Reina esperaban, desesperadas, que terminaran el dolor y las contracciones naturales del cuerpo.

Para Reina, el bebé pronto llegaría. Su vientre estaba extendido y parecía que daría a luz en cualquier momento. Reina andaba por la casa quejándose del hombre que le hizo esta desgracia.

—Si veo al cabrón que me hizo esto ¡lo mato, lo mato!— gritaba entre las contracciones que finalmente la tumbaron en la sala de la casa de Paca, quien filmaba al bebé de Reina nacer. Micaela, Felícitas, Carmen y todas las mujeres estaban alrededor de Reina y del doctor Yim, quien dirigía el nacimiento. En menos de una hora, Reina había dado a luz a un varón quien salió gritando como su madre. Carmen, quien animaba a su amiga, le cortó el cordón umbilical a la criatura.

—¿Qué nombre le vas a dar?—le preguntó Carmen, colocando al niño contra el pecho de la nueva madre.

Reina detuvo a su bebé y miró a las mujeres con la cara brillosa de sudor.

—¡Micaela!— gritó Reina. —¿Qué nombre le damos a mi hijo?

Micaela se acercó a las dos y acarició a la madre y al hijo.

—Puedes esperar. No tienes que nombrarlo ahorita.—

—Sí, dame un nombre. ¡Tengo miedo que me muera sin nombrarlo!— respondió Reina.

—No pienses de esa manera, Reina. No hay complicaciones— dijo el doctor Yim.

—¡Dame un nombre, Micaela!— insistió Reina.

—Benito, llámale Benito— dijo Micaela.

—Benito— repetía Reina.

Las mujeres de la Federación aplaudieron aprobando el nombre, mientras que Benito ejercía su voz con aparentes llantos de hambre y felicidad.

De repente, desde la cocina, Carmen pidió auxilio. Esa noche el doctor Yim se quedó dormido en la biblioteca por si había complicaciones con los dos recién nacidos y sus madres. Se durmió satisfecho de haber invertido tanto dinero y tiempo para ser

Pequeña nación

médico. Concluyó que los préstamos de casi cien mil dólares que sacó para completar su escuela no eran tan importantes, que no debería preocuparse, obsesionarse por ellos. Porque lo que importaba ahora eran Benito y la niña de Carmen, a quien acababa de asistir en presentarla al mundo. Carmen la nombró Teresa como la Santa y Madre Teresa a quien quería y admiraba tanto.

Sucedió que las señoras Marble y Kochart continuaron la escuela que, en unos días, aceptó a más de cien niños de distintas edades, la mayoría niños de guardería, es decir que tenían entre cuatro y cinco años de edad. Otros treinta niños, de siete a doce años de edad, también asistían a la escuela de la Federación. Las maestras requerían a las madres dar cinco horas durante la semana. También había más de cincuenta voluntarios de la universidad, organizados por Beatriz y las maestras quienes ayudaban con los niños. Había individuos de afuera del barrio que habían visitado la escuela y que estuvieron tan impresionados que donaban dinero, muebles, materiales y comida. La reputación de la escuela aumentaba. Se hablaba de los milagros pedagógicos que lograban en la escuela de la Federación. Maestras y administradores de los condados de Los Angeles, Orange y San Bernardino solían venir a observar las clases.

Dentro de unos siete meses, la Federación compró propiedades contiguas a las casas de las doñas y otras propiedades contiguas a aquéllas. Así, en un año, la Federación Mujeres de las Tijeras había acumulado todos los lotes en la Beulah y Beulah Circle. También Micaela, Felícitas, Paca y Rebecca Carter, la abogada de Santa Ana, empezaron a negociar para obtener otras propiedades cercanas. Sin embargo, el centro de la Federación era las casas de las doñas y las propiedades que lindaban íntimamente con ellas.

Vino primero un carpintero, luego cinco carpinteros, dos albañiles, dos plomeros, un electricista y un pintor. Lo bonito era que la mayoría de éstos eran mujeres. Vinieron a construir aulas, puentes y pasillos cubiertos que conectaban las casas de la Federación.

Estas mujeres donaron su tiempo y oficio. Eran mujeres que diariamente manejaban largas distancias, porque creían en el sueño de la Federación y tenían fe que la Federación era un santuario para mujeres que buscaban auxilio y protección.

Sucede que la Federación atrajo a artesanos de toda California y de otros estados. La mayoría de las mujeres eran de las ciudades en los condados de Los Angeles, Santa Bárbara y Orange. Ellas organizaron un horario para asegurar que una de ellas estuviera allí para arreglar y reparar lo que se necesitara.

Al final de cinco años, la Federación estaba organizada en los aspectos necesarios para atraer a estudiantes, mujeres que necesitaban ayuda y el apoyo de personas ricas y famosas. Tenía una abogada fiel en Rebecca Carter, quien sabía proteger la Federación de los grupos políticos y de la policía que la acusaban de ser un culto peligroso, fanáticamente religioso y anarquista. Los sheriffs del condado, el Departamento de Policía de la Ciudad de Los Angeles y el FBI estaban convencidos que las mujeres de la Federación almacenaban armas de distintos tipos y calibres. Suponían que la Federación compraba armamento de distintos distribuidores clandestinos que se especializaban en vender a pandillas y criminales. Declararon que, con una serie de fotos que los agentes del FBI habían sacado de varias mujeres del grupo administrativo de la Federación comprando dos docenas de pistolas, tenían evidencia indisputable. Un día después, el FBI aprehendió al traficante quien les vendió las pistolas.

La policía continuaba deteniendo a pandilleros y al registrarlos, no encontraba pistolas o rifles. Varias de las pandillas notorias se encontraban desarmadas, aun en sus propias casas. El porcentaje de muertes y crímenes con armas de fuego había disminuido dramáticamente, del más de treinta y cinco porciento, según las calculaciones y estadísticas de Felícitas, quien estaba encargada de catalogar todas las armas que entraban a la Federación.

Naturalmente, las mujeres estaban contentas con los resultados de sus esfuerzos para extirpar a las pandillas más activas y peligrosas y sus arsenales. Este esfuerzo, según el plan de Micaela y del grupo, era para estabilizar el barrio, eliminar el factor del temor, de sentarse en el patio de enfrente y caminar libremente por las calles. Al lograr estos objetivos se dedicarían a cambiar las condiciones económicas y sicológicas del barrio, que eran los principales factores contribuyentes a engendrar y dar a luz a las pandillas.

Pequeña nación

Con el desarme de las pandillas a la vez se eliminaban las drogas. Cada vez que la Federación tomaba una casa pandillera, también se llevaban o destruían las drogas. El valor de los narcóticos que la Federación destruía se contaba en millones de dólares. Sin drogas y sin armas, el barrio despertaba de la pesadilla de las pandillas.

★ ★ ★ ★ ★

Por los resultados evidentes, los residentes del barrio protegían ahincadamente las casas de la Federación. Las mujeres se daban cuenta de lo positivo de sus obras. Una mañana, cuando profesaban defender la Federación hasta el último suspiro, varios carros del sheriff y agentes del FBI trataron de subir hasta donde estaban rezando las oraciones matinales. Varias mujeres que vivían a un cuarto de milla del corazón de la Federación detuvieron el avance de los coches al tirar una alfromba de clavos que desinflaron las llantas. Los agentes se bajaron, investigaron y empezaron a discutir con las mujeres.

—Ustedes están impidiendo una interrogación federal. Están interrumpiendo el proceso legal de la justicia. ¿Qué no se dan cuenta quiénes somos?— dijo el agente encargado del grupo.

En ese instante uno de los agentes del FBI se echó a correr hacia arriba y llegó a las casas gritando:

—¡FBI, esta es una investigación federal. Déjenme pasar!

Felícitas y Paca fueron a abrir la puerta del cerco. Micaela y las otras mujeres lo recibieron en la sala. El agente entró y se dio cuenta de que todo parecía tranquilo. Se oían claramente las voces de los niños jugando afuera, alguien tocaba el piano y un grupo de niños cantaba.

—¿En qué le puedo servir, señor agente?— le preguntó Micaela.

—Tengo orden federal de registrar estos edificios. Deje pasar a los agentes que están esperando allá abajo. Debe de cooperar porque ya han violado varias leyes federales,— ordenó el agente. Vio que más de siete mujeres lo rodeaban y se acercaban.

—¡Deténganse! ¡Mantengan su distancia!— el agente sacó la pistola. Inmediatamente las mujeres lo abrazaron y lo desarmaron. En quince minutos el agente se encontró desnudo en la calle con la orden engomada en las nalgas, corriendo adonde estaban sus superiores. Todos los agentes se subieron en los coches y, con las llantas desinfladas, bajaron a la calle Eastern donde otros oficiales los esperaban.

Esa noche dos helicópteros pasaban echando luz sobre la casa. A eso de las siete de la noche, Micaela recibió una llamada telefónica de la policía pidiéndole permiso de entrar a registrar las casas. Micaela contestó que no había cometido ningún crimen ni violado ninguna ley federal y no veía por qué tenían que registrar la casa.

—Hemos decidido, toda la comunidad, que ningún agente municipal o federal va a pasar el umbral de esta Federación humanitaria.— Micaela colgó el teléfono y sabía que las autoridades habían empezado a poner sitio a la Federación Mujeres de las Tijeras.

★ ★ ★ ★ ★

En la iluminación amarilla brillante del día y la luz lunar de la noche, en la ciudad de Nuestra Señora la Reina de Los Angeles que corona los lados del río Porciúncula, lo inesperado se había convertido en lo cotidiano. Así como sucede en México, la población esperaba el próximo espectáculo que podría ser el asesinato sensacional de una estrella de cine, o de un atleta multimillonario, o de un residente peligrosamente huyendo de la policía en automóvil a alta velocidad por las autopistas y calles de las distintas ciudades, podría ser un incendio que arde rabiosamente por las lomas cubiertas de zacates secos y que salta y se clava con garras de fuego sobre techos de madera, sobre casas de madera, tan ardiente que quema cualquier casa ante su avance, podrían ser lluvias pesadas que empapan hasta que la tierra no podía mantenerlas y las vomita en torrentes de agua furiosa que forma ríos que desembocan e inundan los llanos y anegan la obra pero no los sueños de la gente, podría ser el viento tan poderoso que se lleva árboles, arranca techos, tumba postes de electricidad, apaga los semáforos y las luces de las casas y edificios, que con alambres eléctricos cortados quema casas y hombres y mujeres y embotella los montones de coches que circulan por los caminos del sur de California, perdiendo cosas y niños. Podría ser la contaminación creada por las zonas industriales, las bases del ejército, las matanzas, las compañías petroleras, las fábricas de quími-

Pequeña nación

ca, los cementerios, el amontonamiento de residencias y personas individuales y familias, ensardinadas en lotes pequeños. Podrían ser tremendos choques de troques y coches en las autopistas con el constante ruido, el eterno zumbido de la civilización. Podrían ser los anuncios, letreros, carteles en las calles, las autopistas, la televisión, el tercer ojo por el cual ven el mundo deseado, sentimiento preferido, la sensación lujuriosa que los niños repiten cuando duermen y despiertan, y que tratan de alcanzar hasta la muerte. Podría ser la tierra que se mueve y se abre y se sacude para echar esta costra que le crece implacable e insidiosamente y, sobre todo esto, vuela el ojo de la cámara transportado en los helicópteros de los medios masivos, la autoridad, la policía y las fuerzas de seguridad, pensaba Micaela sentada en la orilla de la cama de su habitación que daba hacia la calle. Acababa de pasar un momento en que imaginó no haber oído nada, quizá un momento de silencio, que no reconoció.

Afuera en la calle miraba a las mujeres de la comunidad, que con los hombres, mujeres y niños que vinieron de afuera para ayudar a las mujeres de la Federación, se habían organizado para no permitir el paso a la policía, a los bomberos, a los paramilitares, ni al equipo SWAT que cargaban poderosas armas automáticas. Nadie podía pasar la frontera que construyeron con piedras, muebles viejos, vidrios, clavos y tachuelas. No pasaba un coche hacia la casa de las doñas, hacia el centro administrativo, el corazón de la Federación.

Por tres días habían estado todas presentes. Todas las socias fundadoras: Micaela, Felícitas, Paca, Filomena y su hija, Renata, Yesenia y su hija Rocío, Beatriz, Jaramilla y su hija Catarina, Agueda Josefina Salcedo, Carmen y su hija Teresa, Reina y su hijo Benito, el doctor Grayson Ramírez Yim, las maestras Marbel y Kochart, todos ellos y Micaela estaban sitiados por las autoridades y todo el mundo contemplaba el espéctaculo más reciente de Los Angeles por el ojo de las cámaras que circulaban ruidosamente en helicópteros. Los helicópteros no cesaban de llover iluminación, distintas clases de luces de lámparas hiperpoderosas caían sobre las casas. Circulaban y bajaban tratando de enfocar la cámara para obtener una foto magnificada. Los chopers, así les llamaban los periodistas, volaban y se detenían como enormes moscos preparándose a bajar en el momento más oportuno, para chupar la foto para el periódico o para chupar la película para los reportajes de la mañana.

Por la noche algunos helicópteros descendían como aves de rapiña, pero en vez de capturar a una persona, bombardeaban a los miles que rodeaban las casas de la Federación con una variedad de música que tocaban a un volumen tan insufrible que nadie podía dormir. Toda la noche se oía música clásica, mariachis y rock. Por la mañana, se iban los helicópteros pero volvían otros en menos de media hora.

Los niños lloraban hasta que, por agotamiento, se quedaban dormidos por un rato para después despertar gritando. Después de tres días, Micaela, Felícitas y Paca, que sacaba fotos, pidieron que se sacara de la zona de batalla a los niños, porque sufrirían daños físicos irreparables.

Y así sucedió en la mañana del cuarto día, bajaron más de doscientos niños con sus madres. Fueron recibidos por la policía, encaminados a una clínica de emergencia, donde los doctores de la Cruz Roja los atendieron. Después de ver a los médicos, las autoridades forzosamente separaron a las madres de los niños para interrogarlas.

Mientras tanto, arriba en las casas de la Federación, Micaela insistía en saber por qué estaban bajo sitio.

—Nosotros no hemos hecho nada contra la ley. Sólo hemos retomado nuestros barrios, ¿qué crimen hay en eso? Toda la comunidad nos apoya. Por favor, déjennos en paz— repitía Micaela.

—Manden a Rebecca Carter para que nos explique cuál es el problema con ustedes.— insistió Micaela.

Dos días pasaron sin ninguna comunicación de las autoridades, quienes empezaron a colocar vehículos paramilitares en las desembocaduras de las rutas de escape. Arriba, en los espacios contiguos de las casas y propiedades de la Federación, unas mil personas esperaban el resultado, el desenlace del drama. Micaela miraba calle abajo donde mujeres habían subido carpas, cocinas colectivas y construido baños con excusados. La comunidad había invadido y tomado Geraghty.

Un día, en la mañana, se dieron cuenta de que la policía había cortado las rutas para entrar y salir. Las autoridades no permitían que nadie subiera con comida o con ningún tipo de equipo médico para el doctor Yim. Micaela, Felícitas y Paca encabezaron

Pequeña nación

el grupo que salió entre la gente para averiguar quiénes estaban enfermos y quiénes tenían que ser evacuados. Otra vez bajó otro grupo que la policía aprehendió e interrogó por días.

Rebecca Carter subió sola con solamente una bolsa llena de dulces y chicles. Las autoridades le avisaron a Micaela que Rebecca subía. Rebecca caminaba por medio de esa gente y sentía que ninguno de ellos sabía por qué qué estaban allí, acampadas en las calles y lotes alrededor de la Federación. La mayoría de los defensores de la Federación eran mujeres. Sin embargo, los hombres no dejaban solas a las mujeres, ellos estaban allí para apoyarlas.

Rebecca se reunió con Micaela, Felícitas, Paca y el resto de las mujeres de la Federación. Les explicó por qué estaban sitiadas y lo que tenían que hacer para que la policía se retirara. Casi simultáneamente las mujeres respondieron que no iban a cooperar, que no eran criminales y que sólo pedían que las dejaran en paz para trabajar con la comunidad.

Esta actividad de Rebecca fue filmada por los helicópteros que constantemente circulaban sobre las casas. Los vecinos habían sacado las televisiones para que los que estaban en la calle pudieran ver los reportajes en los canales en inglés y en español. Esa noche Micaela salió a la calle y pronunció:

—Nosotros no somos criminales y no vamos a cumplir con las órdenes que nos manda la policía. No vamos a entregar niguna de las armas que hemos confiscado de las pandillas porque tenemos miedo que volverán otra vez al barrio. Y, por favor, retiren los helicópteros y la música. Esos aparatos se pueden caer del cielo, ¿qué no saben que se pueden caer?— Micaela terminó apuntando hacia los helicópteros que la filmaban.

A eso de las siete de la noche se oyeron disparos, luego unos gritos y después un estruendo cerca de la casa de las doñas. Alguien había disparado contra los helicópteros y había dado con uno que se estrelló sobre una casa de madera que se incendió completamente.

★ ★ ★ ★ ★

En la madrugada las autoridades empezaron su lento ascenso hacia las casas de la Federación. La resistencia era organizada y poderosa. A muchos de los paramilitares que intentaron forzar su avance, las mujeres les permitieron pasar entre la gente, y cuando no lo esperaban, las mujeres los sofocaban con sus cuerpos hasta hacerlos desmayar, los desarmaban y con las tijeras los desnudaban y los devolvían hacia abajo.

A eso de las ocho de la mañana las autoridades se habían concentrado en las calles Hazard, Geraghty y Bonnie Beach, por las cuales, a eso de las diez, reiniciaron el atentado hacia arriba. Pero ahora venían no sólo con pistolas y rifles automáticos sino también con grandes tanques de agua a los cuales habían conectado varios cañones. Las fuerzas policíacas ascendían marchando enfrente y detrás de los cañones. Lentamente subían la calle Beulah, donde esperaban las mujeres de la Federación.

Al principio la gente abría camino para los paramilitares, pero de repente los habitantes no cedieron terreno y pararon a la policía quienes, después de advertirles, prepararon los cañones y los abrieron contra todos los que venían ante ellos.

Estos ascendieron cautelosamente, tomando cuidado de no tumbar con los cañones de agua a los Federacionistas, pero los policías y los bomberos se dieron cuenta de que era imposible apuntar precisamente los cañones para no tumbar las carpas, las instalaciones de la gente. Al fin, los cañones de agua barrieron con absolutamente todo, hasta tumbaron algunas de las casas más antiguas del barrio Geraghty.

Después de tres horas, las autoridades habían retomado control de las calles Bonnie Beach del norte, toda la Dobinson y la Calle Geraghty, de la Dobinson hasta la entrada de la calle Beulah, en donde había una concentración masiva de gente que había huido hacia arriba, en vez de abajo, como lo querían los estrategas paramilitares. Muchas personas fueron arrastradas por los poderosos chorros de agua, otras fueron separadas de sus niños, sus esposos, sus padres. El agua había roto familias y había ahogado a cinco individuos. A un niño de diez años lo encontraron muerto en un arroyo, el cañonazo de agua le había quebrado el cuello, la espalda y el cráneo. El chorro de agua lo había envuelto en unas cobijas y se lo llevó rodando al fondo del arroyo para morir con su boquita rota, los ojos abiertos y sumergido en el agua enviada por las autoridades Federales del Condado de Los Angeles.

Pequeña nación

Mientras los habitantes del barrio Geraghty sacaban el cuerpo del niño del arroyo, los paramilitares emergieron satisfechos de los tres tanques para encontrar las calles cubiertas de carpas, cobijas, sillas, herramientas para cocinar y cuerpos.

A eso de las cuatro de la tarde la policía de Los Angeles, el sheriff del Condado, las fuerzas paramilitares y federales se habían instalado seguros al pie de la subida de la calle Beulah.

Los helicópteros empezaron de nuevo a apuntar su luz sobre las casas de la Federación y a contaminar la noche con música. A las siete, Micaela y las mujeres de la Federación recibieron una llamada pidiéndoles entregarse a las autoridades. En nombre de la Federación Mujeres de las Tijeras, Micaela respondió, —No somos criminales, no hemos cometido ningún delito. Váyanse y déjennos en paz.

Esa noche la policía y equipos de SWAT de más de veinticinco ciudades pasaron por las calles y anunciaron que los habitantes tenían que evacuar sus casas dentro de tres horas. Por la televisión, Los Angeles y el resto del país vieron las imágenes crueles y tristes de los equipos SWAT invadir gritando y forzando a niños y a ancianos fuera de sus casas. Esa noche, el sitio de las alturas de la Federación Mujeres de las Tijeras empezó en serio.

★ ★ ★ ★ ★

Todo el día siguiente Rebecca entraba a las casas con las opciones que ofrecía la policía y siempre volvía con la misma respuesta de Micaela que ellas no habían cometido ningún crimen, que jamás se entregarían y que las dejaran en paz. Por la tarde llegaron más reporteros con equipos de cámara para reportar en vivo desde la escena del sitio.

Micaela, Beatriz, Agueda y Rebecca comentaban que las calles cercanas se veían sin forma, caóticas, que no se podía distinguir el asfalto, cubierto por miles de útiles abandonados, después de que los tanques de agua arrastraron a la muchedumbre de la Federación. En la noche, la policía y los agentes federales se veían hablando bajo las luces de las casas. Para las cuatro de la mañana, de repente, las luces se apagaron y reinó la oscuridad.

Para el segundo día, el firmamento apareció azul y clarísimo. Era un día en que los jardines de las casas se destacaban con flores, árboles, céspedes verdes bañados por el sol. Para el tercer día, Micaela ordenó que se juntaran los animales que quedaron después de la evacuación. Para el cuarto día, las mujeres juntaron cinco perros, tres gatos, un acuario de peces tropicales y varios pájaros enjaulados. Para el quinto día, las autoridades cortaron el agua y las mujeres se encontraron con tres botellas de cinco galones de agua purificada. Durante el sexto día, las mujeres mandaron al doctor Grayson Ramírez Yim y a Rebecca para ver si podían adquirir ayuda fuera de la zona tomada y controlada por las autoridades. La noche en que se fueron el doctor y Rebeca salió la luna enorme y anaranjada y las mujeres decidieron mandar a los niños Renata, Rocio, Catarina, Teresa y a Benito fuera de la zona de peligro y a manos de las autoridades. Los niños fueron acompañados por la maestra Kochart, quien rehusó todas las entrevistas con los medios masivos. La maestra Marbel decidió quedarse con Micaela, porque se sentía como una de las fundadoras de la Federación y jamás quería dejarla.

Para la tarde del séptimo día, los equipos paramilitares tenían las casas rodeadas, pero no querían entrar por el temor a morir. Sabían que las mujeres tenían armas y no querían arriesgar agentes. La policía de Los Angeles, el sheriff del condado y el FBI preparaban otra estrategia que estaban convencidos que iba a resolver la crisis.

★ ★ ★ ★ ★

A eso de las cuatro de la tarde había mucho movimiento de carros y tropas de la policía y agentes federales. Paca salió a sacar fotos de las actividades. Salió corriendo y alcanzó a esconderse en los jardines, pero los helicópteros la vieron inmediatamente y empezaron a perseguirla. Paca corría por los espacios entre las casas, saltaba cercos y atravesaba por los interiores de las casas abandonadas. En una encontró a dos ancianos que no querían evacuar su hogar. Paca sacó varias fotos de los ancianos antes de volver para las casas de la Federación. Un policía, en uno de los helicópteros, le ordenó a Paca detenerse. Ella continuaba corriendo. El oficial le ordenó: —Deténgase o disparo. Al llegar al cerco de las casas se oyeron varios disparos. Paca logró alcanzar la puer-

Pequeña nación

ta donde Micaela y las otras mujeres levantaron a Paca y la colocaron en la mesa del comedor. Paca estaba viva, pero tenía un agujero arriba del pecho izquierdo que derramaba mucha sangre. Micaela, Beatriz, Felícitas y otras mujeres lograron detener el derrame. A eso de las nueve, bajaron a Paca, que todavía con su cámara intentaba sacar fotos de sus compañeras. — Sonrían por favor, — decía. Se juntaron alrededor de Micaela y Paca para rezar. Felícitas, al lado de su querida amiga, Filomena, Yesenia, Beatriz, Jaramilla, Adela, Agueda Josefina Salcido, Carmen, Reina y la maestra Marbel. Micaela les ofreció tres manzanas, lo último que quedaba para comer, y les pasó agua y botellas de vino.

Mientras comían las manzanas y bebían el vino, Paca falleció con su cámara sobre su pecho en los brazos de Felícitas. La levantaron y avanzaron hacia la puerta cuando el zumbido de un helicóptero se oyó como si hubiera aterrizado en el techo. En un instante ellas miraron hacia arriba para ver proyectiles pasar por el cielo, las paredes y las ventanas. Un espeso humo tóxico penetró la casa, las mujeres se ahogaban, buscaban las puertas, pero caían más proyectiles. El incendio estalló en varias partes de las casas. En segundos estaban ardiendo. El fuego logró quemar al helicóptero que explotó y se desplomó encima de la casa. La explosión hizo llover fuego sobre las casas alrededor de la Federación. En menos de cinco minutos, la policía de Los Angeles, el sheriff del Condado, los agentes federales y los equipos paramilitares habían destruido casi por completo el barrio Geraghty. Los bomberos tardaron más de dos horas en llegar. Sólo tenían que limpiar las calles de los escombros. En la mañana encontraron once cadáveres en las ruinas de diferentes locales. La batalla por la Federación las Mujeres de las Tijeras había pasado por la televisión. En la cáscara del helicóptero encontraron cinco agentes horriblemente quemados. A los cinco los identificaron y les dieron un funeral con honores, dos semanas después de la batalla.

★ ★ ★ ★ ★

Ninguno de los cuerpos encontrados en la casa era reconocible y ninguno fue identificado oficialmente hasta más de seis meses después de la conflagración. Familiares de los difuntos insistían en saber quiénes eran las mujeres que se quemaron en la casa de la Federación. El doctor Grayson Ramírez Yim, la maestra Kochart, Rebecca Carter, Renata, Rocío y Catarina dieron los nombres de las mujeres quienes se habían quedado en la casa. El doctor Yim, la maestra Kochart y las muchachas, hijas de las difuntas, salieron en los varios programas de televisión para describir cómo eran las condiciones de vida adentro de la casa durante el sitio. Cada una de ellas declaró que, después de que ellas salieron, había doce mujeres adentro.

El debate era sobre cuántas mujeres permanecieron en la casa. Las autoridades insistían que sólo encontraron once bultos humanos. La policía de Los Angeles reportó que tenía dudas si todos los habitantes de la casa eran mujeres. Anunciaron esta declaración a base de ofrecer al público las grabaciones del piloto del helicóptero quien repitía más de cinco veces que el individuo a quien vieron salir de la casa, quien empezó a sacar fotos y a quien siguieron por gran parte del barrio, era un hombre y no una mujer. Además de esto, el video que sacaron del individuo huyendo del helicóptero, brincando cercos y corriendo por los jardines de las casas, demostraba una persona cuyo sexo no se podía distinguir. El doctor Yim, la maestra Kochart, las muchachas y también Rebecca, declararon que esa persona era Paca. Las autoridades insistieron que no era mujer, pero que creían que era un criminal terrorista quien tenía conexiones con el régimen cubano. Otorgaron varias fotos del terrorista y las compararon a clips y fotos que extrajeron del video. En los noticieros yuxtaponían las dos fotos y los voceros de la Policía de Los Angeles y el FBI hacían una comparación detallada de las facciones de los dos y concluían que no eran distintas personas sino un hombre, un terrorista anti-americano.

Al pasar los días, los investigadores municipales y federales anunciaban más descubrimientos. Presentaron más de trescientas armas y una variedad de municiones. También declararon haber encontrado, en cajas de fierro, cocaína y otras drogas ilegales con un valor de más de tres millones de dólares. Encontraron también en cajas de fierro, una serie de fotos que compilaban la historia de la comunidad. Según las autoridades, éstas representaban un esfuerzo de espiar a individuos para forzarlos a hacerse socios del grupo, para explotarlos en las calles, haciéndolos vender drogas o prostituirse. Encontraron también más de un millón de dólares de equipo tecnológico, computadoras y radios, que según las autoridades se usaban para comunicarse con otros grupos semejantes por todo el país y mantenerse en comunicación con agentes revolucionarios en Latinoamérica. Concluyeron que el líder del grupo era Micaela Clemencia y que, a través del uso de drogas, ella tenía un poder hipnótico y espiritual sobre las mujeres a quienes reclutaba para la Federación Mujeres de las Tijeras. La conclusión definitiva era que Micaela, Felícitas y Paca eran narcoadictas que representaban un cartel de drogas de México y que su plan de negocio era victimizar los barrios Geraghty, Hazard y otros en sus alrededores. Ellas representaban, según declaraciones públicas, los peores criminales, porque actuaban bajo el mantel de ayudar a mejorar social y económicamente a los habitantes del barrio, pero su meta verdadera era intoxicar, envenenar a la buena gente con la ponzoña de las drogas y así lograr hacerse millonarias. Durante meses, las autoridades anunciaban y publicaban más pruebas para comprobar la historia oficial y justificar el uso de los más grandes proyectiles de humo lacrimógeno.

★ ★ ★ ★ ★

En la Santa Iglesia de la Virgen de Guadalupe, donde la mayoría de las mujeres asistían a misa con sus familiares, se celebró el velorio. Fue una ceremonia ecuménica porque dos, Filomena y Carmen, eran evangélicas. El viernes en que tuvieron el velorio se calculó que más de tres mil personas asistieron. El rosario se rezó por veinticuatro horas sin ninguna interrupción. Toda la noche centenares de individuos pasaron a despedirse de las mujeres de la Federación. Al aproximarse la madrugada, más y más gente esperaba en las calles alrededor de la iglesia. A eso de las ocho de la mañana, las mujeres fueron transportadas a la iglesia San Benito en Montebello donde se cantó la misa. Miles de individuos esperaban en las calles para verlas pasar y tirarles flores en el camino. Ese día, el Este de Los Angeles, Montebello, Pico Rivera y Whittier se cerrraron para despedirse de las mujeres de la Federación de las Tijeras. Las calles se cubrieron de flores, de mujeres, hombres y niños que lloraban al ver las carrozas pasar a la iglesia en Montebello la cual se llenó por dentro y por fuera en tanto que miles siguían los pequeños bultos guardados en sus cajas. Las carrozas fueron transportadas por la Whittier y subieron a la Beverly, guiándose hacia las puertas del cementerio donde fueron sepultadas en las alturas de Rose Hills donde dominaba una vista panorámica de la cuenca de Los Angeles.

Unos tres meses después del entierro, se identificaron oficialmente casi todos los restos. No hallaron a Micaela Clemencia entre los cuerpos rescatados de la desintegración completa.

★ ★ ★ ★ ★

Los políticos de Los Angeles y los agentes federales autorizaron préstamos de desastre para estimular las ventas de los lotes vacíos. Tractores remolcadores borraron definitivamente los escombros y cenizas de las casas destruidas. La lluvia vino y roció los campos planos en los cuales brotaron flores y un zacate intensamente verde. En unos cuantos meses se construyeron nuevas casas cuyos dueños plantaron nuevas flores y árboles. La vida seguía y, con el tiempo, el público se olvidó de las víctimas de la masacre, de las mujeres de la Federación, cuyos miembros contemplaban, desde las alturas de Rose Hills, el Este de Los Angeles y el Calvario, el cementerio donde no fueron sepultadas.

Santa Ana 1998

Fin

Pequeña Nación
Primera edición, 2005.
Primera reimpresión, 2008.
Se produjo en la planta de impresión digital
de *Editorial Orbis Press*. El cuidado de la edición estuvo a cargo
del Dr. Manuel Murrieta Saldívar, editor general.

To order this book for academic institutions and bookstores please contact/
Para ordenar este libro con fines académicos y venta en librerías contacte:

Editorial Orbis Press
P.O. Box 1273
Turlock, California, 95381. USA

TEL.(209) 250-0127
FAX (415) 462-5414

EDITOR@ORBISPRESS.COM
WWW.ORBISPRESS.COM

Made in the USA
Las Vegas, NV
03 May 2023

71456721R00079